F. A. Hoffmann

Wenn wieder Weihnachtsrosen blühen

Verlag der
Francke-Buchhandlung GmbH
Marburg an der Lahn

Lizenzausgabe mit freundlicher Genehmigung der Christlichen Verlagsanstalt GmbH, Konstanz

ISBN 3 88224 160 8

Umschlaggestaltung: LITERA
Gesamtherstellung:
St.-Johannis-Druckerei C. Schweickhardt, 7630 Lahr-Dinglingen
Printed in Germany · 17125/1980

Am 24. Dezember

So muß ich wirklich heute noch ein anderes Heft beginnen! – Nun gut! Das paßt auch gar nicht schlecht, denn gerade heute morgen ist etwas Neues, etwas ganz Unerwartetes, etwas ganz Besonderes geschehen! Nie hätte ich gedacht, daß heute abend ... Aber fang' doch von vorn an, Ninette!

Also, gegen 10 Uhr waren wir, Bella, Ruth und ich, im großen Schulzimmer und vergingen fast vor Langeweile hinter den gefrorenen Fensterscheiben. Alle andern – ach! die Glücklichen! – waren nach Hause gereist. Nur wir drei armen Verlassenen mußten Weihnachten im Institut zubringen, uns mit dünnen Suppen, trockenem Brot und eingemachten Bohnen, kurz, mit dem Einerlei des täglichen Daseins, noch dazu unter den gestrengen Blicken der Frau Direktorin begnügen. Wie habe ich das so unaussprechlich satt!

Und so geht's nun schon seit sechs Jahren, ja, seit sechs langen qualvollen Jahren! Ich war noch ein ganz kleines Ding, war kaum mit den vier Rechnungsarten fertig, da mußte ich schon dies schwere Leben auf mich nehmen! Nun bin ich bereits erwachsen, und mein neues blaues Kleid ist ganz wie für eine junge Dame ... natürlich nicht auf Geheiß der Frau Direktorin; aber Fräulein Degner, die Schneiderin, tat es mir auf meine heimliche Bitte hin zuliebe. Der Himmel segne die kleine schwarzäugige Kleiderkünstlerin. Zur Belohnung soll sie mir aber auch mein Hochzeitskleid machen – das heißt, wenn ich mir je eins machen lasse! –

Doch, wo waren wir denn? Ach ja, vor dem Mittelfenster ... Da, auf einmal, hörte man ein Rollen ...

»O«, rief Bella –, sie hat sehr scharfe Ohren, wir wissen's aus Erfahrung –, »was dort die Allee heraufkommt, ist kein Last- und Schlächterwagen, oder so etwas; nein, es ist eine Kutsche, ich sage es euch, eine feine Kutsche!«

Und nun hauchten wir alle drei um die Wette unseren warmen Atem mit aller Kraft gegen die Eisblumen an den Scheiben, um so schnell als möglich kleine Löcher aufzutauen, durch die wir sehen konnten.

Und wirklich, da kam eine Kutsche. Aber sie war ganz leer! ... O! welche Enttäuschung! Ein dunkler, behäbiger, schmuckloser Landauer mit einem alten, graugekleideten und sehr würdig aussehenden Kutscher auf dem hohen Bocke! Aus der Tasche seines großen Kragenmantels zog er einen Brief hervor, den er Elisen, Frau Direktors Zimmermädchen, gab, die dem Wagen in ihrem zierlichen Häubchen und der weißen Schürze entgegengelaufen war. Dann blieb er in der Ecke des Hofes bei den großen Kastanien stehen und sah aus, als ob er irgend jemanden oder irgend etwas erwartete.

Wir waren natürlich schrecklich neugierig; nur Ruth tat gleichgültig. Sie hatte ihre ewige Stickerei hervorgeholt und vertiefte sich scheinbar in zierliche Arabesken um ein großes »R«, mit dem sie sich schon mindestens seit zwei Monaten quält. Ruth ist ein liebes Ding, aber sie ziert sich so! Ihr Getue ärgerte mich; darum wollte ich sie necken und fing an, mich im Kreise um sie herumzudrehen und wirbelte immer toller, um sie außer Fassung zu bringen. Doch vergebens! Sie ließ nicht von ihrer Arbeit. Da riß ich ihr schließlich das Batisttuch aus der Hand, ballte es zusammen und schleuderte es hoch auf den großen Bücherschrank. »So, das hast du davon!« –

In diesem Augenblick ging die Türe auf, und Frau Direktor mit den grauen Löckchen, Frau Direktor mit der gewichtigen, steifen Haltung und der Amtsmiene, die sie bei feierlichen Mitteilungen aufsetzt, kam gerade auf mich zu.

Ich machte mich ganz klein und stand regungslos, auf das Schlimmste gefaßt, da; fühlte ich doch, daß mein Kragen schief saß und daß mein Haar von dem Herumtollen aufgegangen war. – Aber diesmal schlug der Blitz nicht ein.

»Ninette«, sagte die Gefürchtete fast freundlich, »ich habe eine gute Nachricht für dich!«

Es klang sogar, als ob's ihr eine Freude wäre. In diesem Augenblick vergab ich ihr ein paar Geschichten, um derentwillen ich ihr noch böse geblieben.

»War nicht vor einigen Jahren«, fuhr sie fort, »in deiner Familie eine Hochzeit, heiratete da nicht eine Cousine . . .«

»Meine Mutter«, unterbrach ich sie, »die einzige, die noch übrig geblieben ist. Sonst habe ich keine Verwandten. Sie war Witwe, und dann hat sie sich wieder verheiratet . . . Ich finde das gar nicht schön – man sollte dem ersten Manne treu bleiben . . .«

Frau Direktor sah belustigt aus.

»Nun, ich will dir sagen, um was es sich handelt. Deine Cousine, oder deine Tante, wenn dir das besser gefällt, hat einen Herrn Lichtenau geheiratet, auch einen Witwer. Zuerst haben sie Reisen gemacht, und jetzt haben sie sich in Schloß Felsen ein Heim gegründet. Wußtest du das?«

Ich sperrte meinen Mund weit auf, damit diese ungeheuerlichen Neuigkeiten recht hineingehen könnten.

»Also, Frau Lichtenau hat sich deiner erinnert; wahrscheinlich hat dein Vormund ihr von dir geschrieben. Kurz, sie ladet dich zum Weihnachtsfest nach Felsen ein. Und ich erlaube dir gern, die Einladung anzunehmen«, schloß Frau Direktor lächelnd.

Sie hat doch auch ihr Gutes, die Frau Direktorin, ja, das ist wahr! Du, mein altes Tagebuch aber, das mich ganz genau kennt, du kannst dir meine Freude – nein, du kannst sie dir nicht vorstellen! Ich war einfach im siebenten Himmel. Man muß eben, wie ich, sechs geschlagene Jahre alltags und sonntags um und um in Pension gewesen sein, um so etwas zu begreifen.

Arme Bella! Arme Ruth!

»Es tut mir leid, daß ich deine Arbeit dort hinaufgeworfen habe«, flüsterte ich zerknirscht Ruth ins Ohr.

Und dann kletterte ich, während Frau Direktor oben ihre Antwort schrieb, wie eine Katze bis zu dem obersten Brette, dicht unter der Decke. Das Klettern wird mir nicht schwer; ich bin ja leider, ach! so klein! Und als ich wieder herunterkam, gab mir Ruth, die sonst so wenig ihre Gefühle zu zeigen pflegt, einen Kuß.

»Ich freue mich für dich.« Sie sagte weiter nichts, aber es lag ein Ton darin, der ihr von Herzen kam und mir zu Herzen ging.

*

Am 25. Dezember

Ich konnte gestern abend nicht mehr schreiben, ich war zu müde; konnte auch nicht mehr erzählen, wie ich meine Sachen eingepackt habe – meine beiden besten Kleider, das weiße und das blaue, natürlich auch – Ruth und Bella halfen mir dabei. Sie sind wirklich zu nett gewesen, nicht ein bißchen neidisch, und doch wird es jetzt noch viel schrecklicher für sie sein, wenn ich fort bin. Und wie ich dann im Wagen saß; zum ersten Male wieder, nach ich weiß gar nicht wie langer Zeit, in einer Kutsche!

Die Pferde trabten lustig darauf los. Ich lehnte mich in die Polster zurück und atmete, an gar nichts denkend, nur genießend, in vollen Zügen die kühle, frische Morgenluft ein. Es war wundervoll. Wir fuhren durch eine etwas hügelige Gegend, gerade so, wie ich sie gern habe. Warum bewundert man denn immer nur die hohen Berge? Vielleicht weil's Mode ist oder weil man sich als Künstler aufspielen möchte? Und doch kann es nichts Schöneres geben in der Welt, als eine hübsche, weite, gut angebaute Ebene, die einem Garten gleicht, wo niedliche, weiße Häuschen unter großen Bäumen versteckt liegen, und wo hin und wieder die klaren Wasser eines Flusses im Sonnenschein weit hinausglänzen. O du schöne Ebene mit deinem fernen, ungeheuren Horizont! Es hat für mich etwas Beängstigendes, wenn Himmel und Erde sich in meiner nächsten Nähe fast berühren; es ist, als ob die Welt zu früh zu Ende wäre. Da wird einem ganz schwindlig zumute! Nein, die endlose Ebene, die ist schön, da kann man träumen.

Auf einmal, bei einer raschen Wendung des Wagens wurde ich wach; wir fuhren in einen riesigen, mit hundertjährigen Linden bepflanzten Hof ein. Das ebenso gewaltige Haus ist gar nicht hübsch; es ist ein großes, helles Gebäude mit vier Türmen, einer an jeder Ecke, die aussehen, als hätte man sie nachträglich angekleckst, um dem Ganzen den Stempel einer mittelalterlichen Burg künstlich aufzuprägen.

Die Eichentür öffnete sich, und auf der Schwelle erschien eine Dame von etwas untersetzter Gestalt, in einem gelblichen, ein wenig verblaßten und nicht besonders gut sitzenden Kleide. Der Stoff – man nennt ihn, glaube ich, Bastseide – und seine Farbe schienen mir weder zu ihrem Alter noch zur Jahreszeit zu passen. Überhaupt ist meine Tante entschieden niemals schön gewesen. Als sie aber, halb lachend, halb gerührt, mich herzlich auf beide Backen küßte, mich, das arme Waislein, das so wenige Küsse bisher im Leben bekommen hatte, da zog es mir seltsam warm durchs Herz. Und ich fand sie, trotz ihres Kleides, reizend. Ihr Haar ist fast weiß; es ist altmodisch aufgesteckt, sie trägt einen Scheitel, und der macht ihr breites Gesicht noch breiter. Ihr Mund ist groß, und dabei zieht sie ihn, ohne daran zu denken, ob es hübsch aussieht, mit ihrem vollen Lachen fortwährend noch mehr in die Breite. Aber wie zart ist ihre Haut, keine einzige Falte darin, so rosig und fein wie die eines ganz kleinen Kindes. Und welch ein klares Auge! Wie vertrauensvoll und vertrauenerweckend dieser Blick!

Darüber bin ich mir schon klar: ich werde meine Tante lieben.

Als wir in den großen Hausflur mit seinen unzähligen Winkeln und Eckchen traten (hoffentlich darf man dort Versteck spielen), tauchten plötzlich von allen Seiten Kinder auf: Aus Nischen und Verschlägen kamen sie hervor. Wahrlich, eine ganze Schar. Während meine Tante sie mir alle nacheinander vorstellte, versuchte ich, sie zu zählen. Und was für seltsame, unmögliche Namen haben sie. Nein! Diese Namen! Elisabeth hat sie mir in mein Taschenbuch geschrieben, ich hätte sie sonst nicht behalten können; ich gebe sie danach wieder: Abdias, Chloë, Elisabeth, Rachel, Nathan, Samuel, Timotheus, Priscilla und Jemima. Ist es nicht gegen alle Menschenliebe, seiner unglücklichen Nachkommenschaft für ihre ganze Lebensreise solche Denkzettel anzuhängen?

Ich muß wohl ein sehr verdutztes Gesicht gemacht haben, denn plötzlich brachen sie alle in helles Lachen aus und lachten, lachten unaufhörlich. Da war das Eis gebrochen; und damit waren wir mit einem Male bekannt geworden.

Dann führte mich Chloë auf mein Zimmer. Oh, wie schön! Es liegt in einem Turme. So etwas habe ich mir mein Leben lang gewünscht. Mein Stübchen ist also ganz rund und alles ist darin so originell wie möglich. Sämtliche Überzüge sind von grünlichen, wohl schon ein halbes Jahrhundert altem Perkal, darauf sieht man niedliche Dämchen mit Körbchen am Arm, sie sitzen auf Schaukeln unter dichten Rosenbüschen. Davon träume ich sicher die nächste Nacht. – Meine Tante ist doch wirklich gut!

Auf einmal fällt mir aber etwas ein: Diese Kinder sind weder meine Vettern noch meine Cousinen, da Tante ja nur ihre Stiefmutter ist. Doch, was schadet das? Ich sehe von jetzt ab sie alle neune als meine Vettern und Cousinen an. Denn wirklich, neune sind es! Und sie hat den kühnen Mut gehabt, ihren Vater zu heiraten. Da muß er doch sehr nett sein, dieser Onkel, ich bin gespannt auf ihn. Er ist bis heute abend auswärts, darum ist die Christbaumfeier aufgeschoben worden. Die Kinder sind vier bis achtzehn Jahre alt. Der magere, schlenkerige Abdias ist der älteste von allen; er hat mir erzählt, daß er nächstens sein Abiturium machen werde. Die jüngste, Jemima, ist sozusagen meine Namensschwester, denn sie wird Minette genannt und sieht wie eine kleine, dicke, seidenhaarige weiße Katze aus. Zwischen diesen beiden stehen die andern wie Orgelpfeifen; da sind solche von jedem Alter und von jeder Sorte: Hellblonde, Dunkelbraune, Kastanienfarbige und ganz Schwarze, immer mit den entsprechenden Augen. Aber böse sieht keines von ihnen aus.

*

Am 26. Dezember

Was war das gestern für ein Abend! Ganz anders als alle, die ich bisher erlebt habe! Welch eine zusammengewürfelte Gesellschaft hatte sich etwas vor sechs Uhr in dem großen Saale zu ebener Erde eingefunden! Die langen dunkelroten Vorhänge waren dicht geschlossen und gaben dem ganzen Raum etwas äußerst Behagliches. Eine im hellen Lichterglanze strahlende Tanne wiederholte sich bis ins Unendliche in den großen einander gegenüberstehenden Spiegelscheiben! Außer der Familie waren wohl noch gegen zwanzig Gäste da, so daß wir eine ansehnliche Gesellschaft bildeten. Aber man hatte nicht etwa gleich und gleich zueinander gesellt, durchaus nicht, denn zu meinem Erstaunen sah ich auch Fräulein Degner, Frau Direktors und meine Schneiderin! Sie stand unter einem Wandleuchter und konnte sich nicht genug tun mit Lächeln und Kniren; aber ich glaube, ihre Augen waren feucht. Sie war in tiefer Trauer, das ließ sie noch düsterer erscheinen als gewöhnlich. Im Frühling hat sie ihre Mutter verloren und lebt seitdem ganz allein.

Ich zupfte Chloë am Kleid.

»Wer sind denn all diese merkwürdigen Gäste?« fragte ich leise und zeigte auf die Schneiderin und dann auf einen alten Mann neben ihr; er hatte einen abgeschabten, schlecht gebürsteten Rock an; helle Flecke waren darauf, ähnlich wie Kreidespuren. Etwas weiter stand noch ein einfach aussehendes Mädchen, dem meine Tante gerade mit gewinnender Liebenswürdigkeit einen entzückenden Nähkasten aus kostbarem Holz, innen mit kirschroter Seide gefüttert, überreichte.

»Pst, pst! Daß sie dich nicht hören!« sagte Chloë vorwurfsvoll, »komm lieber hierher!« Und sie zog mich hinter einen Vorhang. »Siehst du, das sind einsame Menschen, und Mama möchte ihnen gerne eine Freude machen. Ja, das ist doch ganz natürlich«, fuhr sie fort, als sie mein erstauntes Gesicht sah, »Mama sagt, zu Weihnachten muß man buchstäblich erfüllen, was die Engel gesungen haben: Friede auf Erden, und den Menschen ein Wohlgefallen. Darum ladet sie gerade diejenigen ein, die niemand weiter haben und sonst heute abend einsam wären. Herr Delhars zum Beispiel ist ein alter Gelehrter. Früher lebte er mit seinen zwei Schwestern zusammen, sie waren Zwillinge und noch älter als er, aber die sind im vergangenen August beide binnen einer Stunde gestorben, und seitdem nimmt Mama sich des armen, einsam zurückgebliebenen Bruders an. Sieh nur, merkt man es ihnen nicht allen an, wie lieb sie sie haben? Und mit Recht, denn es gibt gewiß keine zweite so wie sie auf Erden. Aber ich schwatze hier und könnte sicher irgendwo helfen. Leb' wohl, Cousinchen, auf Wiedersehen!«

Ich blieb nachdenklich zurück. Ja, so ist meine Tante, sie lebt nur für andere, das habe ich schon herausgefunden. Wie lieb werde ich sie haben, wie lieb habe ich sie schon! Und ihre Kinder folgen ihrem Beispiele. Chloë ist ja soeben deshalb fortgelaufen. Da trieb's auch mich, ihr nachzueifern, und nun mischte ich mich schnell unter all die Menschen, um sie vergnügt zu machen. Bei Fräulein Degner fing ich an und plauderte so liebenswürdig, wie ich nur konnte, wohl zwanzig Minuten lang mit ihr. Schwer war das übrigens auch nicht; habe ich doch selbst meine Mutter so beweint, daß ich plötzlich in Erinnerung daran fühlte, wie die Arme leiden muß. Weil ich nichts Besseres zu reden wußte, sprach ich ihr eben davon, und glaube, damit hatte ich den besten Anknüpfungspunkt gefunden. Sie wurde ganz rot.

»Ich danke Ihnen, gnädiges Fräulein«, stotterte sie,»wirklich, ich...«

Das Klavier unterbrach uns; es war das Vorspiel zu einem Lied, das ich nicht kannte, das mich aber sehr bewegte:

»Wenn ich Ihn nur habe,
Wenn Er mein nur ist,
Wenn mein Herz bis hin zum Grabe
Seine Treue nie vergißt:
Weiß ich nichts von Leide,
Fühle nichts als Andacht, Lieb' und Freude.«

Die Kinder sangen das Lied mit meiner Tante; ihre Stimmen klangen wunderbar melodisch ineinander. Es lag etwas ganz Besonderes, eine geheimnisvolle Macht in dieser Musik. Bei den Worten:

»Wenn ich Ihn nur habe,
Laß ich alles gern,
Folg' an meinem Wanderstabe
Treu gesinnt nur meinem Herrn;
Lasse still die andern
Breite, lichte, volle Straßen wandern!«

fühlte ich mich plötzlich wie emporgehoben, tausend Meilen weit fort, fern von allen Nichtigkeiten und Kleinigkeiten meines engen Pensionslebens. Es ergriff mich plötzlich eine unaussprechliche Sehnsucht nach einem besonderen, nach einem höheren und besseren Ziele. Ist wirklich das, was ich kenne, überhaupt das Leben, das wahre Leben? Ist's denn überhaupt der Mühe wert, da zu sein, nur um zu leben, wie ich's bis jetzt gewohnt war?

Wie lange ich so träumend in diesen Weltfernen weilte, weiß ich nicht. Tränen waren mir aus den Augen gekommen; ich hatte sie nicht bemerkt, aber plötzlich fühlte ich sie; denn ein mitleidiger Blick ruhte auf mir, der brachte mich zur Besinnung.

Beschämt drehte ich mich schleunigst um und trocknete mir flüchtig mit den Fingerspitzen das Gesicht, weil ich mein Taschentuch nicht herauszuziehen wagte.

Ich hatte deutlich die warme Teilnahme gespürt, die meinem Kummer galt, doch war ich mir nicht klar, von wem sie kam. Ich sah mir all die Leute rings herum an, und während ich auf ihren Angesichtern zu lesen suchte, wurde mir im Lichte jener herrlichen Worte, die bis in die Tiefen meiner Seele drangen und mich alles andere vergessen ließen, die innere Leere und Öde meines Wesens um so deutlicher.

Da rührte jemand mich leise an; es war die Tante.

»Ninette, Herr Laupert möchte dich kennenlernen.«

Ein großer, tadellos gekleideter Herr von vornehmem Äußeren verneigte sich vor mir, während meine Tante, wohl schneller als sie ursprünglich wollte, sich nach der Seite hin entfernte, wo Minette, der kleine

Trotzkopf, sich weigerte, der Wärterin zu gehorchen und in ihr weißes Bettchen zu gehen, obwohl ihre Schlafensstunde schon längst gekommen war.

Ich hatte nur zerstreut gegrüßt, denn meine Gedanken waren mehr bei meiner widerspenstigen kleinen Cousine als bei dieser Vorstellung, da schreckte mich eine ernste Stimme auf:

»Sie waren soeben traurig?«

Und nun sah ich wieder dieselben voll Teilnahme auf mich gerichteten Augen. Gewiß, ich kenne die Welt nicht, auch nicht das Leben der Gesellschaft. Romane jeglicher Art, auch die unschuldigsten Novellen, werden uns in der Pension aufs strengste untersagt, denn nichts entgeht Frau Direktors scharfen Augen und ihrer polizeilichen Wachsamkeit. Aber ich möchte hundert gegen eins wetten, daß die Herren gewöhnlich nicht auf solche Art, wie diese, ihre Unterhaltungen anknüpfen. Sie sprechen vielleicht vom Regen, vom schönen Wetter, von der Ernte, kurz, von allem Erdenklichen, nur nicht von den innersten Gefühlen.

Ich wäre gerne der lästigen Frage ausgewichen, doch war's unmöglich, denn Herr Laupert schaute mich an und erwartete eine Antwort. Schließlich sagte ich offenherzig: »Ja, ich gehöre eben auch zu den Alleinstehenden.«

»So?«

Nur eine einzige Silbe, aber wieviel Wohltuendes lag darin! Er setzte sich zu mir. – Einen Augenblick später – ich weiß nicht, wie es kam – plauderten wir schon herzlich miteinander, wie zwei alte Freunde. Ich hatte Herrn Laupert meine ganze, freilich auch kurze Lebensgeschichte erzählt. So kannte er nun meine Leiden und Freuden. Die letzteren sind ja, ach! bis zu diesem Weihnachtsfeste gar dünn gesät gewesen. Ich mußte ihm mein Vertrauen schenken, wie wenn er mein eigener Bruder gewesen wäre, ich konnte nicht anders. Es kam so ganz von selbst; er hatte es von Anfang an besessen.

Jetzt, wo ich wieder allein bin und hier vor meinem kleinen Schreibzeug sitze, finde ich meine Handlungsweise unerklärlich. Meine Stirne glüht, wenn ich dran denke. Hätte ich diesem Fremden gegenüber nicht von vornherein zurückhaltender, vorsichtiger sein müssen? Ich quäle mich mit Vorwürfen.

Und doch, wenn ich mich aufs Gewissen frage?... Falls es sich noch einmal so fügte – ich würde es gerade wieder so machen; es war wundersam süß. Habe ich denn nicht meines Lebens schönstes Weihnachtsfest gefeiert?

*

Am 28. Dezember

Nein! Wie herrlich! Welch ein Glück! Welche Wonne! Mit einem Worte: Bella hat die Masern bekommen. Ich schreibe das mit großen Buchstaben, »fettgedruckt«, wie mein Onkel es gestern abend nannte, als er Abdias einen langweiligen Artikel über den Basalt und Trachant eines Vulkans diktierte.

Selbstverständlich würde ich nicht so jubeln, wenn Bella wirklich sehr krank wäre, aber »es ist nicht so schlimm«, schreibt Frau Direktor. Nur muß ich länger hier bleiben, weil keiner genau weiß, ob ich je diese Kinderkrankheit gehabt habe.

Natürlich bin ich ganz entzückt darüber; denn man muß sich in diesem wonnigen Hause wohl fühlen, himmlisch wohl! Hier weht – wie soll ich's nur bezeichnen? – ein etwas , ein Hauch so milder Güte, so unaussprechlichen Friedens. Und das macht mich besser, ganz gewiß. Ich schäme mich meines Leichtsinns und all der oberflächlichen Fragen, mit denen ich mich bis jetzt ausschließlich abgegeben habe. Nun aber steht es in mir fest: ich muß weiter kommen. Ich will dem Beispiel folgen, das ich vor Augen habe, ich will für andere, für das Höchste und Beste leben; und ich will mit allem Ernst daran gehen.

Vielleicht wird es dann doch allmählich anders mit mir werden.

*

Am 30. Dezember

Mein Onkel ist ein sonderbarer, höchst origineller Mensch! Ich glaube, er kommt nie auf den Erdboden herunter. Er schwebt einfach tausend und abertausend Meilen hoch über dem Erdball, immer in den gewagtesten wissenschaftlichen Berechnungen. Ob er überhaupt die Namen seiner Kinder weiß? Ich bezweifle es stark. Er ist ganz anders, als ich ihn mir vorgestellt hatte, weder schön noch stattlich, nein, wahrhaftig nicht; im Gegenteil, er ist sehr klein, unansehnlich, zusammengeschrumpft, eingefallen; auf seiner Spürnase sitzt eine dicke goldene Brille. Er hat stets einen Haufen von Broschüren bei sich, in denen er selbst bei Tische während der ganzen Mahlzeit liest. Dann ißt er wie ein Automat, was meine Tante ihm auf den Teller legt, nicht mehr und nicht weniger. Es sieht gerade so aus wie eine Maschine, die mit einer bestimmten Anzahl Briketts geheizt wird.

Rings um Onkel herum macht man einen fürchterlichen Lärm – was für ein Gegensatz zu den trübseligen Mahlzeiten in der Pension! – Es wird geschwatzt, gelacht, jedes Gefühl unbekümmert zum Ausdruck gebracht. Er zuckt mit keiner Wimper, er hört nichts davon, ich hab's genau beobachtet. Von Zeit zu Zeit schüttelt die Tante ihn sanft und fragt fürsorglich:

»Onesiphor (ja, er heißt Onesiphor!), hast du genug Fisch? Vielleicht noch etwas Wein? Soll ich diese lärmende Jugend zur Ruhe verweisen?« Er antwortet nie, er sieht sie nur mit einem abwesenden, aber liebevollen Blicke an. Und dann ist sie zufrieden und lächelt ihm zu. Ich habe Tante Lauras Lächeln sehr gern.

*

Am 31. Dezember

Der letzte Tag des Jahres. Er stimmt mich immer ernst. Denn mit ihm ist ja der Augenblick gekommen, wo man zurückzuschauen pflegt. Zurück – und freilich auch vorwärts. Da sieht man hinter sich nur Unvollkommenheiten, und die Zukunft ist voll dunkler Geheimnisse. Was werden uns die Wochen und die Monde bringen, wenn sie sich enthüllen? Was werden sie *mir* im besonderen bringen?

Heute morgen war, wie gewöhnlich nach dem Frühstück, der Tisch noch im schönsten Wirrwarr geblieben; das Silberzeug lag kreuz und quer, die Servietten waren bunt durcheinander geworfen. »Das gehört sich nicht!« sagte die Tante, »wir müssen uns im neuen Jahr das wirklich abgewöhnen.« – Sie hat recht.

Ich aber stand träumend vor einem der großen Fenster, das heißt, eigentlich war ich vertieft in ernste Gedanken und sah dabei hinaus; das liebe ich so. Sie waren alle aus dem Zimmer gegangen; nur meine Tante saß in ihrem breitarmigen Lehnstuhl am Kamin und sah ihre umfangreiche Post durch. Das Feuer flackerte lustig in schönen, lichterlohen Flammen.

Was für eine Menge Briefe hatte Tante doch bekommen! Sie wurden aber alle ziemlich schnell gelesen – bis auf einen. Ob Tante Laura den auswendig lernte? Jedenfalls hatte sie ihn wenigstens dreimal gelesen, von Anfang bis zu Ende. Und dann richtete sie plötzlich ihre Augen auf mich und fing an, mich aufs schärfste zu mustern, von oben bis unten und von unten bis oben. Es war, als ob sie mich durchdringen wollte, um die Antwort auf irgendeine schwer zu lösende Frage zu finden. Was konnte sie nur so beschäftigen? Aber als unsere Blicke sich begegneten, bemühte sie sich sichtlich, unbefangen zu erscheinen.

»Oh! du bist da, Ninette«, sagte sie, als ob sie mich bis jetzt beobachtet hätte, ohne sich's bewußt zu werden, »woran denkst du denn dort vor dem Fenster?«

»Aber Tante, woran könnte man denn heute anders denken als an das kommende Jahr? Sinnst du nicht auch darüber nach? Dieses Mal erregt mich der erste Januar noch mehr als sonst, denn ich habe eine Ahnung, als ob das neue Jahr ganz anders sein würde als die vergangenen; die waren alle so leer, so nichtssagend, so einförmig und dumm und langweilig. Oh, nicht um ein Königreich möchte ich sie noch einmal durchleben! Aber über diesem steht ein großes, rätselhaftes Zeichen. Du wirst sehen, Tante Laura. Ach, wüßte ich doch nur seine Bedeutung im voraus!«

Tante stand auf.

»Wenn wir unsere Zukunft nicht kennen«, sagte sie,« »so kennen wir doch den, der sie lenkt.« Damit ging sie hinaus.

Später bin ich in den Garten gegangen, um Weihnachtsrosen zu pflükken. Längs der Mauer unter einer Eschenhecke wachsen eine Menge. Sie sind so fein, so duftig, ihre zart geröteten Blüten heben sich so schön von dem dunklen Grün ab. Ich kannte sie früher gar nicht, aber ich finde sie entzückend. Sie sollen auch mehrere Tage frisch bleiben. Darüber bin ich besonders froh, weil ich sie auf Frau Degners Grab tragen will, das ich ganz kahl fand, als ich vorgestern auf dem Kirchhof zufällig daran vorbeiging; ihre arme Tochter hat keine Zeit gehabt, es zu schmücken, und darüber war sie so traurig. Wie gerne mache ich ihr nun die kleine Freude!

Da es in diesen Tagen sehr mild ist, setzte ich mich mit meinen Blumen auf die niedrige Bank an der Mauer. Der Kranz war schon schön lang geworden, als ein rascher Schritt in der Allee erklang. Herr Laupert kam mit dem Hute in der Hand gerade auf mich zu. Wie hätte ich aufstehen können? Es war unmöglich. Ich hatte meinen blauen Rock um mich herum ausgebreitet und darauf die Blumen und Blätter je nach Form und Farbe so geordnet, wie ich sie für mein Kunstwerk brauchte.

»Verzeihen Sie«, fing ich ganz verwirrt an, »aber . . .« Herr Laupert verstand mit einem Blick.

»Aber«, sagte er freundlich lächelnd, »aber bleiben Sie doch sitzen, Fräulein Ninette, und nicht wahr, ich darf Ihnen helfen?«

Und da haben wir zum zweiten Male eine köstliche halbe Stunde zusammen verlebt. Ähnlich wie am Weihnachtsabend fühlte ich mich wieder gleich ganz frei und unbefangen ihm gegenüber. Es war eben, als ob ich ihn schon immer gekannt hätte. Er hat blaue, klare, sehr offene Augen, die sozusagen sein Gesicht verklären. Wer behauptete doch neulich, blaue Augen paßten nicht für Männer? Wie dumm! Im Gegenteil, sie passen gerade! – Sein Gesicht ist vorherrschend ernst, außer wenn er lächelt; dann ist's, als ob die Sonne darüber ginge und einen Strahl darauf zurückließe. Das ist sehr auffallend; ich habe es nie bei anderen gesehen. Man muß zu diesem Herrn Laupert Vertrauen haben. Ich würde mit ihm, wenn er's verlangte, bis ans Ende der Welt und noch dazu mit geschlossenen Augen gehen.

In der Dämmerung haben Rachel und ich die Weihnachtsrosen nach dem Kirchhof gebracht. Der Grabhügel sieht weiß aus, wie ein Hochzeitsstrauß. Bald nach uns muß Fräulein Degner dort gewesen sein. Sie sei so überrascht und gerührt, ließ sie mir sagen. Der Kranz ist aber auch wirklich wunderschön.

Wie glücklich bin ich, daß ich an diesem letzten Tag im Jahr noch jemandem eine kleine Freude machen konnte! Wieviel solche Gelegenheiten hätte ich sicher all die vergangenen Jahre und Monate gehabt, und ich ließ so viele unbenutzt vorübergehen! Ach ja, wieviel habe ich versäumt!

Leb' wohl, altes Jahr! Morgen, wenn ich aufwache, bist du für immer dahingegangen; dann geht's ins unbekannte Land. Was wird's für uns in seinem Schoße bergen?

Was es auch sei! Tante hat recht: Gott wird dort sein wie hier.

*

Am 1. Januar

Gestern abend erlebte ich noch etwas.

Nachdem ich in mein Tagebuch geschrieben, ging ich die große Treppe hinunter und hörte die Kinder schrecklich lärmen. Sie waren wie immer nach Tische in dem weiten, gelben Salon, wo sie sich austoben dürfen, was zu köstlich ist. Die Tür war offen geblieben, und ein warmer Schein erleuchtete eine ganze Ecke des Hausflurs, der sonst infolge seiner riesigen Größe ziemlich dunkel ist. Als ich auf die Schwelle trat, sah ich, daß sie sehr wichtig taten und sehr aufgeregt waren. Sowie sie mich bemerkten, riefen sie: »Ah! da ist das Cousinchen! Hoch Cousinchen! Komm, jetzt bist du dran, komm schnell, hier ist Platz!«

»Aber was macht ihr denn?« fragte ich neugierig.

»Wir gießen doch natürlich Blei«, antwortete Samuel, »das tut man immer am Silversterabend. Komm, hab' keine Angst, es ist so komisch!«

Damit drückte er mir einen langen Löffel in die Hand, den mußte ich fest über einen brennenden Spirituskocher halten. Glücklicherweise begriff ich die Sache, und als die flüssige Masse große Blasen bildete, goß ich sie schnell in ein links von mir stehendes Gefäß mit kaltem Wasser.

»Bravo!« rief Nathan, »du verstehst die Dinge anzufassen, Ninette!«

Und all die neugierigen Köpfe beugten sich über den Behälter, und die Hände fischten um die Wette das abgekühlte Blei heraus.

»Das ist ihr großartig geglückt!« rief Samuel mit seiner rauhen Gymnasiastenstimme, »nichts als Tränen, ein ganzer Haufen Tränen, bis auf die beiden unförmigen kleinen Klümpchen. Was kann das bedeuten?«

Priscilla, die Vorjüngste, hatte sich der rätselhaften Beute bemächtigt, sah sie genauer an und zog dabei nachdenklich ihre Augenbrauen hoch.

»Das runde sieht aus wie ein Kranz, das lange wie ein kleines Kind«, erklärte sie schließlich mit Überzeugung. »Du wirst dich bald verheiraten, Ninette, du wirst es sehen, und dann bekommst du ein Baby.«

Schallendes Gelächter beantwortete diese haarsträubende Prophezeiung, so daß sogar mein Onkel, der dabeisaß und schrieb, den Kopf erhob. Das war etwas ganz Außergewöhnliches. Es geschah, glaube ich, zum ersten Male seit meiner Ankunft, daß er überhaupt mich ansah, und dabei fiel mir – warum, weiß ich nicht – der forschende Blick meiner Tante von gestern morgen wieder ein. Ein leichtes Lächeln glitt über seine schmalen Lippen.

»Hm, hm«, murmelte er, »das kann alles kommen, das ist so der Lauf der Dinge. Ein Brautkranz, ein Baby, Tränen, das alles gibt's im Leben, liebe Kleine.«

»Onkel Onesiphor!« schrie ich, glühend rot geworden. Aber er achtete schon wieder gar nicht mehr auf uns, es war nur wie ein Blitz gewesen. Aus einer schweren, dick geschwollenen Tasche, die durch das Gewicht des runden, ihn nie verlassenden Fernrohres ihre Form ganz verloren hatte, zog er eine ellenlange Papierrolle heraus. Sie war zu drei Vierteln mit enggeschriebenen Zahlen bedeckt. Mit einer kurzen Handbewegung ließ er seine große goldene Brille wieder auf die Nase fallen und fing an, neue Zeichen zu schreiben. Das alles wurde ganz langsam, gewissenhaft und mit der peinlichsten Genauigkeit gemacht.

Ich blieb mit offenem Munde vor ihm stehen, um ihn zu betrachten, denn mein Onkel ist für mich eine nie versiegende Quelle des Erstaunens; unterdessen beobachtete uns Abdias, mein ältester Vetter, mit höchst belustigter Miene.

»Beruhige dich, Ninette, du bist heute für Papa abgetan; diesen Abend wenigstens neckt er dich nicht mehr. Wenn er seine astronomischen Berechnungen vornimmt, ist er fürs erste versorgt. Nicht wahr, du findest, daß wir sehr komische Menschen sind? Gestehe es nur! Besonders dein Herr Onkel; hab' ich nicht recht?«

Und dabei klopfte er liebevoll beschützend auf die väterliche Schulter, ganz wie ein wohlwollender älterer Bruder. Diese Art haben sie alle mit dem Vater; ich habe es schon mehrmals gemerkt. Sie umarmen ihn, liebkosen ihn, sprechen von ihm wie von einem lieben Kameraden – sie sorgen für ihn, sie erweisen ihm kleine Dienste. Und er, der Vater, merkt das alles nicht; er bleibt unberührt, wie ein Marmorblock. Nur von Zeit zu Zeit beglückt er die Schar durch eine ganz kleine Neckerei oder ein liebevolles Lächeln. Das teilen sie sich dann gegenseitig als ein großes Ereignis mit. Aber es dauert nicht lange; dann fällt der Onkel wieder, oder steigt wieder, oder stürzt sich wieder – wie soll man sagen – in jene Welten, die mit dem äußeren, greifbaren, praktischen Leben nichts zu tun haben und in denen seine Frau, seine Kinder, sein Haus, sowie geschäftliche Angelegenheiten, Essen, Trinken, Stadtgeschichten und ähnliches kaum eine Rolle spielen.

*

Am 2. Januar

Mit dem Neujahr zugleich hat auch das Wetter gewechselt; es ist plötzlich sehr kalt geworden. Wenn's so weitergeht, können wir bald auf dem Teich im Park unter den Buchen Schlittschuh laufen. Gestern morgen lag schon eine schöne, dünne, glänzende Eisdecke darüber; ich habe es im Vorbeigehen gesehen.

Nachmittags machten wir einen weiten Spaziergang aufs Land. Als wir beim Dunkelwerden zurückkamen, erregte ein großes graues Haus meine Aufmerksamkeit. Es ist von hohen Bäumen umgeben und sieht so besonders, ganz anders als die anderen Häuser aus. Hunderte sind nichtssagend, dieses aber schien mir eine Geschichte zu haben.

»Wer wohnt denn da?« fragte ich Chloë, die gerade neben mir ging.

»Aber natürlich doch Herr Laupert. Wußtest du das noch nicht?«

Nein, ich wußte es nicht, aber ich hätte es mir denken können; sein Haus ist ihm ähnlich, es flößt Vertrauen ein, wie er selber. Es ist ein einfacher Bau mit festen Mauern; man fühlt, daß sich's unter diesem hohen Giebeldach gut wohnen läßt; das schützt gegen Winterkälte und Sommersglut. Das Ganze hat etwas Eigenartiges, Gemütliches, Poetisches. Ich könnte mir da drinnen nicht irgendeinen Krämer vorstellen, der hinter seinem Ladentisch ein Vermögen zusammengerafft hat. Nein, nein, Bewohner eines solchen Hauses müssen eine interessante Geschichte haben!

Ich öffnete gerade meinen Mund, um Chloë das zu sagen, als sie plötzlich rief: »Ah, dort ist ja Petronia; guten Tag, Petronia!«

Aus dem Hühnerhaus kam eben eine alte Frau heraus, drei große weiße Eier in der Hand – ein Schatz in dieser Jahreszeit! Sie lachte und begrüßte uns. Obwohl ihr Gesicht runzelig wie ein zusammengeschrumpfter Apfel aussah und ihr Rücken sich zu beugen anfing, erschien sie mir doch wundernett unter ihrer reich gekräuselten Haube. Auf ihrer Brust glänzte ein großes Kreuz aus getriebenem Golde.

»Wir können uns unmöglich aufhalten«, sagte meine Tante, als Petronia mit einer letzten freundlichen Verbeugung hinter einer Tür verschwunden war. »Es wird dämmerig, wir kämen überdies zum Essen viel zu spät. Zwar hätte ich dich gern mit ihr bekannt gemacht. Möchtest du es, Ninette?«

»O ja, sehr gern«, erwiderte ich, »lebt sie denn mit Herrn Laupert allein?«

»Ja, seit wohl mehr als zehn Jahren. Herr Laupert ist auch ein Einsamer, nicht wahr, das weißt du? Diese Petronia ist nicht mit Gold aufzuwiegen. Laß dir's erzählen: Herrn Lauperts Eltern waren reich gewesen; auf einmal verloren sie aber ihr ganzes Vermögen. Wenn große Bankhäuser Bankrott machen, ziehen sie Zahllose in ihren Untergang mit hinein, dabei wird oft das sicherste, rechtschaffen erworbene Kapitel verschlungen. Lauperts waren nicht die ersten, die solch ein Schlag traf, es wird auch nach ihnen noch manchem anderen so gehen. Kurz, es kam ein trauriger Morgen, da erkannte man die Notwendigkeit, die Dienstboten fortzuschicken. Aber Petronia stellte sich zuerst ganz taub, dann behauptete sie, sie wüßte nicht, wohin sie gehen sollte, sie wäre auch mit den Gewohnheiten der Familie zu sehr verwachsen, um noch einmal zu wechseln. Die alte Frau Laupert erging sich in Ermahnungen, legte sich aufs Bitten; ihr Mann schalt und drohte schließlich, Petronia hinauszuwerfen – nichts half. Es muß ein rührender und zugleich komischer Auftritt gewesen sein. So ist die Alte denn geblieben und ist noch heute am selben Platze. Sie hat ihre Herrschaft begraben und dient nun dem Sohne mit der gleichen seltenen Treue. Als durch einige unverhoffte Erbschaften wieder etwas Wohlstand ins Haus eingezogen war, wollte Herr André Laupert, der jetzige Besitzer, der alten Dienerin den rückständigen Lohn nachzahlen, der eine ansehnliche Summe betrug. Petronia aber wurde vor Zorn glühendrot. Wollte ihr junger Herr ihr das Herz brechen? Hatte sie sich nicht ein für allemal davon entwöhnt, sich als gemietete und bezahlte Magd zu betrachten? So nahm sie nichts an. Übrigens spart sie sich mit der Zeit ein hübsches Sümmchen zusammen, und man behauptet, sie lege ihre Gelder auf den Namen ihres jungen Herrn an. Petronia pflegt nämlich die Kranken in der ganzen Umgegend und empfängt die neuen kleinen Erdenbürger bei ihrem Eintritt in die Welt. Selbstverständlich fordert sie dafür kein Geld; das sähe ihr nicht ähnlich, aber die Leute sind dankbar und beschenken sie oft reichlich.«

»Und dieses große goldene Kreuz«, fragte ich, »woher kommt denn das?«

Tante lachte.

»Jeder hat seine Eigenheiten, besonders die alten Jungfern; laß dir's gesagt sein, Ninette. Nachdem Petronia das Laupertsche Geld aufs entschiedenste abgewiesen hatte, ließ sie endlich einen Wunsch durchblikken, den sie seit ihrer frühesten Jugend bis zu ihrem fünfundfünfzigsten Lebensjahre mit sich herumgetragen hatte: sie wollte sich einmal mit einem goldenen Schmuck an der Brust sehen, davon hatte sie all die Zeit geträumt. So war denn ihre Freude ganz unbeschreiblich, als Herr Laupert ihr eines Tages dieses wirklich sehr schöne Kreuz schenkte. Man sagt, daß sie seitdem bei Tag und Nacht ihren Schmuck nicht ablege. Petronia ist ein einfaches, aber hochedles Herz, wie es gar wenige heute in unserem nüchternen, selbstsüchtigen Jahrhundert gibt. Doch hier sind wir zu Hause, und da springt ja schon Minettchen uns entgegen.«

Die Kleine lief herbei; sie sah so niedlich in ihrem rosa Kleide aus, mit ihren seidenweichen Locken und den großen, leuchtenden, sonnigen Augen! Ich meine, sie erinnert an ein Blümlein, an ein lächelndes Blümlein.

»Mama, Mama kommt!« Ihr Jauchzen rief bald die ganze Schar herbei. Bisher hatte ich nie viel auf Kinder geachtet; die wenigen, mit denen ich zusammengekommen bin, haben mich nicht besonders angezogen, aber diese sind in ihrer Frische und in ihrer harmlosen Fröhlichkeit, mit ihrem stets freundlichen, liebenswürdigen Wesen unwiderstehlich. Man fühlt heraus, wie glücklich sie sind – es sollten's ja alle Kinder auf der ganzen Erde sein.

Und jetzt habe ich noch etwas zu erzählen – etwas ganz Besonderes! Kaum vermag ich es niederzuschreiben, so unerwartet, so überraschend ist es über mich gekommen. Es ist mir, als hätte ich es nur geträumt. Ich will aber doch versuchen, hier alles aufzuzeichnen, was sich zugetragen hat, damit ich es in späteren Jahren wieder lesen kann. Leute, die wie ich niemand haben, der ihnen nahe steht, sollten immer ein Tagebuch führen, um ihre Lebenserfahrungen dort niederzulegen.

Nun also, es geschah heute, am 2. Januar – abends nach dem Essen. Herr Laupert war unser Gast gewesen; es mochte wohl etwas über acht Uhr sein. Die Kinder hatte man schon hinauf in ihre Schlafzimmer geschickt; sie waren, glaube ich, vom langen Aufbleiben in der Silvesternacht noch müde.

Nun saßen wir im trauten Zwielicht gemütlich in dem warmen, behaglichen Salon. Tante Laura ist darin gerade so wie ich; sie liebt das grelle Licht nicht. Übermäßig erleuchtete Zimmer sind peinlich, sie tun den Augen weh. Im Schlosse von Felsen setzt man des Abends immer auf die hohe Stehlampe mit dem massiven Fuß einen breiten, dunkelblauen

Schirm mit weichen, kunstvoll geknüpften Fransen. Das Licht wird dadurch angenehm gedämpft und wirkt milde.

Dicht unter dem Schutze des Lampenschirms hatte an dem schweren Nußbaumtisch Onkel Onesiphor auf einem hohen Stuhle Platz genommen. Er wählt gerade solche Sitze mit Vorliebe, wahrscheinlich weil er so klein ist.

Beide Ellbogen auf die Decke gestützt, den Kopf in den Händen vergraben, saß er da, als ob er in eine end- und aussichtlose Rechnung vergraben wäre. Vielleicht maß er gerade die genaue Entfernung aus, welche unsern Mond von den verschiedenen Trabanten des Planeten Jupiter trennt. Es würde mich durchaus nicht wundern.

Übrigens war aber das Zimmer nicht etwa dunkel. Ein großes, helles Feuer, das im Kamin flackerte, erhellte es mit phantastisch tanzenden Lichtern, die flüchtige, wechselvolle Gestalten an die mit Fabeln und Märchenbildern nach Jahrhunderte alter Mode geschmückte Decke malten.

Wir hatten alle drei schweigsam am Kamin gesessen, ich auf einem kleinen Schemel, – wenn Schemel da sind, nehme ich immer einen, ich habe sie gern – meine Tante in den Tiefen ihres ledernen Lehnstuhls, und Herr Laupert uns gerade gegenüber, auf der anderen Seite.

An der hohen, weißen Alabasteruhr zwischen den zwei Fenstern schlug's eben neun. Da schaute Tante Laura Herrn Laupert mit einem ganz besonderen Blicke an, mit einem jener Blicke, die viel sagen. Dann stand sie ohne ein einziges Wort auf und ging langsam aus dem Zimmer.

Herr Laupert hob den Kopf. Wie bleich er aussah!

In diesem Augenblicke begriff ich plötzlich – wie und warum? das kann ich nicht erklären – doch ich begriff, daß sich etwas Außergewöhnliches ereignen würde. Eine Hochflut von Gefühlen und Empfindungen, von wirren, unklaren Gedanken bestürmte meine Seele. Mir wurde eiskalt vor Erregung.

Ich wartete auf das, was kommen sollte.

Eine ganz veränderte Stimme, die wie aus der Ferne klang, sprach leise die seltsamen Worte:

»Ninette, wir sind beide einsam, wie wäre es, wenn wir uns für das Leben vereinigten?«

Ich antwortete nichts. Ich hatte wirklich nicht verstanden. Da stand er auf und setzte sich in Tantes Lehnstuhl, dicht neben mich.

»Ninette«, – seine Stimme zitterte – »wollen Sie mein Weib werden?«

Seine blauen Augen waren groß, klar und flehend auf mich gerichtet. Da ging's mir durch und durch; vielleicht war's jener heiße Blick, der mein Inneres durchglühte wie die Strahlen einer warmen, warmen Sonne.

Eine Minute verstrich, vielleicht noch mehr, ich weiß es nicht. Das Feuer knisterte laut.

Plötzlich legte ich meine Hand in die seine. Ich ward sein eigen, und mich dünkte, ich wäre es stets gewesen.

»Ich habe Sie lieb gewonnen, Ninette!«

Und nun zog er mich ganz leise, ehrfurchtsvoll, aber ach! so zärtlich an sich und drückte seine Lippen auf meine Hand, die er nicht wieder losgelassen hatte.

Seit diesem Augenblicke habe ich nichts mehr, gar nichts mehr gefühlt als einen unsagbaren Frieden. Ein so vollständiges Vertrauen zu diesem Manne beseelte mich, daß es mir ist, als ob alles übrige für mich zu existieren aufgehört hätte.

»Mein Bräutigam« – bin ich's denn wirklich, ich, Ninette, die kleine Pensionärin, die Waise, die Einsame, die diese zwei Worte schreibt? Ist es denn möglich, daß ich einen Bräutigam besitze? Ich kann es nicht glauben.

Aber ja, mein Bräutigam fing an, schnell und ganz leise zu mir zu reden. Er sagte mir liebe, zärtliche Worte, wie ich sie bisher nie gehört habe, Worte, von denen ich noch nicht gewußt, daß sie überhaupt da seien. Und nach und nach sprach er zu mir von der Zukunft, von dem, was er tun will, von dem Ziele, von dem Ideale seines Lebens. Das alles war so groß, so schön! Ich fühlte mich emporgetragen in unbekannte, bisher nie geahnte, reine, herrliche Gefilde.

Habe ich schon davon gesprochen, daß Herr Laupert ein Arzt ist? Er will für das Wohl der Menschen leben, er tut es übrigens schon.

»Nicht nur für ihr irdisches Wohl«, hörte ich ihn sagen, und seine ernste, warme Stimme fand hellen Widerklang in meines Wesens Tiefe, »wir sind hier unten, um das Jenseits vorzubereiten; verstehen Sie das, Ninette?«

»Ich glaube ja«, antwortete ich, »doch erst seit einigen Tagen. Früher habe ich an so etwas nie gedacht.«

»Wir werden zusammen daran arbeiten, es immer besser zu verstehen, nicht war, mein Lieb?«

Oh, wie wohl tut es, jemandes Lieb zu sein! Wie ergreift mich dieses Wort!

Dabei quält mich aber etwas sehr. Wie kann ein so bedeutender Mann wie Herr Laupert sich etwas aus mir machen? Was konnte er an mir denn Liebenswertes finden? Und noch dazu so schnell, so plötzlich? Es ist unfaßlich, es ist ein tiefes Geheimnis, das ich vergebens zu ergründen suche.

Nur eins beruhigt mich ein wenig: das unerklärliche Vertrauen, das schon bei unserer ersten Begegnung mich erfüllte. Ohne dieses Zutrauen würde mir alles noch viel seltsamer erscheinen. Ich kann nicht anders, ich muß es glauben: André Laupert ist der Mann, für den ich von jeher bestimmt war, der, dem ich gehören *muß,* für den Gott mich geschaffen hat. Und ich will ihm ein treues, liebendes Weib sein.

»Nicht jeder versteht zu lieben«, sagt irgendwo ein Schriftsteller; oh, das ist sicher wahr! Nicht jeder kann lieben, nicht jeder ist fähig dazu! Man liebt allzuoft nur sich, sucht allzuoft das Seine in den andern, und dabei glaubt man, daß man liebt! Hier in Felsen hab' ich schon manches gelernt, und ich will mich bemühen, lieben zu lernen!

Ich schreibe das mitten in der Nacht. Ich denke, wenn man sich verlobt hat, darf man schon den Schlaf zum Opfer bringen und, um recht nachzudenken, sich einmal eine schlaflose Nacht gestatten.

Bin ich's denn wirklich, die bald heiraten soll? Oder fasele ich vielleicht, ich armseliges, dummes kleines Ding? Vor kaum vierzehn Tagen noch, da waren meine wichtigsten Sorgen in der Welt meine Schulaufgaben, besonders die Geschichtstabellen; hu, welch gräßliches Zeug! Wie habe ich mich gequält mit den ersten Jahrunderten vor und nach Christo und mit den zwölf ersten römischen Kaisern, mit Augustus, Tiberius, Cajus Caligula, Claudius, Nero, Galba, Otho, Bitellius usw.! Ich bin ganz wirr geworden von all dem Einpfropfen der neuen Musen, der Geologie, der Bevölkerungszahlen in den widerspenstigen Kopf.

Und nun auf einmal dieser Wechsel, wie mit einem Zauberstabe! Ich soll ein eigenes Heim besitzen, soll eine Hausfrau sein! Oh, werde ich das jemals wirklich fertigbringen? Wird das nicht noch viel schwerer sein als Gleichungen und Logarithmen? – Alle Tage das Mittagbrot bestimmen! . . .

Und was werden die Frau Direktor, Ruth und Bella, die arme, dazu sagen? Doch nein, die ist nicht arm, die kann im Gegenteil sich dreimal glücklich preisen mit ihren Masern! Verdanke ich doch dieser Krankheit . . . alles! Und die andern Mädchen, wie werden die überrascht sein! Ich gäbe ich weiß nicht was darum, wenn ich ihr Erstaunen sehen könnte. Jedenfalls kann es nicht größer sein als das meinige selbst. –

Die Zeit vergeht; nun ist Mitternacht vorbei, und ich bin bereits seit drei ganzen vollen Stunden Braut; es ist also gar nichts so Neues mehr, und doch begreife ich nichts davon und kann's auch noch nicht glauben!

Vielleicht ist alles nur ein Traum, und morgen, morgen werde ich zur kalten, trüben Wirklichkeit erwachen, gerade wie einstens Aschenbrödel im Märchen. Dann muß ich meine Sachen packen, abreisen, mich von neuem an Frau Direktors strengen Blick gewöhnen und mich mit all den elenden Nichtigkeiten des Pensionslebens abfinden.

Deshalb, ich überlege es mir, will ich aber doch lieber zu Bette gehen und ein paar Stunden ruhig schlafen! Das ist gescheiter! Sonst werde ich ganz und gar verdreht!

*

Am 3. Januar

Ich fange jetzt an, es zu glauben. Heute morgen beim Anziehen war ich noch wie eine Nachtwandlerin; es kam mir vor, als wäre alles Dichtung und nicht Erlebnis. Doch etwas füllte meine Seele ganz: es war ein Friede, eine helle Freude, wie ich sie nie für möglich gehalten hätte. Ich fühlte mich geborgen wie in einem sicheren Hafen. Und als ich nach dem Frühstück in das mir in wenigen Tagen – die aber wahrlich doppelt zählen – teuer gewordene Turmzimmer zurückkehrte, fand ich auf dem Tische mein erstes Brautbukett – von lauter duftigen, weißen Weihnachtsrosen. Wie sind sie doch reizend, diese zarten, süßen Blumen!

Und dicht daneben lag ein Briefchen.

Welch ein feste, breite Handschrift, eine von denen, die den Eindruck machen, als ob sie sich vor gar nichts fürchten könnten. Es war dieselbe Hand wie die jenes langen Briefes, den meine Tante eingehend studierte, als sie mich vor einigen Tagen so durchdringend beobachtete.

Nun verstehe ich alles! Jener Brief kam von ihm, . . . es war der Anfang! . . .

Oh, wie schnell ist alles das gegangen; es sind ja kaum zehn Tage her, daß ich zum ersten Male den gesehen, der heute mein Bräutigam ist.

Und nun das Briefchen mit den Blumen. Da stand: »Mein kleines Lieb, ich werde Dich erst morgen wiedersehen. Eine dringende Angelegenheit macht meine sofortige Abreise nötig. Wie werde ich an Dich denken und Dich für das Glück segnen, das Du mir jetzt schon schenkst und das Du bald in noch viel größerem Maße mir schenken wirst. Und nun eine Bitte: Willst Du unseren Hochzeitstag bestimmen? Warum ihn lange hinausschieben? Ich habe Durst nach Dir. Niemand braucht Dich mehr als Dein André.«

Ach, so schnell schon! Wie gern hätte ich noch gewartet, um Atem schöpfen zu können, einige Jahre vielleicht oder auch nur wenigstens einige Monate.

Aber wie könnte ich es verweigern? Er hat recht; niemand braucht mich außer ihm; niemand sonst in der ganzen Welt hat mich nötig! Was sollte ich auch wieder in dem Pensionat? Tante Laura würde mich wohl behalten, ganz gewiß. Doch was nützte es?

Tante Laura! Wie sah sie gestern abend doch so glücklich aus, als nach der Rückkehr in den Salon Herr Dr. Laupert auf sie zutrat mit dem einfachen Worte: »Gnädige Frau, sie hat mich nicht abgewiesen.« Wie nahm sie mich in ihre Arme, wie drückte sie mich an ihre breite Brust, wo man sich geborgen fühlt dem Vogel gleich im warmen Nest, wie küßte sie mich so zärtlich, so mütterlich . . . Gewiß, so hätte meine Mutter, meine arme, junge Mutter mich geküßt, die ach! so schnell von hinnen mußte, nachdem sie nur einen einzigen Tag lang mich hatte lieben können!

Man hat mir erzählt, daß sie mich bis zum letzten Augenblick bei sich haben wollte – und daß man meine Fingerchen aus ihrer mit Mühe aufgemachten kalten Hand befreien mußte. Oh, wenn ich sie jetzt bei mir hätte, meine Mutter, die im Himmel droben ist! Aber ich glaube bestimmt, daß sie über mir wacht und daß sie alles weiß, was mir geschieht. – Weiß sie nicht auch von meinem großen, tiefen Glück? –

Nachher ist Tante an den runden Tisch gegangen, an dem Onkel Onesiphor noch immer saß, und von wo aus er auch nicht das Geringste bemerkt hatte!

»So gratuliere ihr doch, Onesiphor!«

Er hörte nicht.

»Einundzwanzigtausenddreihundertundsechsundvierzig Millionen Kilometer«, wiederholte er, vor mir stehend, einige Mal, und dabei schaute er mich, ohne mit den Wimpern zu zucken, an, als ob ich ein Planet im Weltall wäre –, doch drückte er meine Hände mit freundlichem, aber etwas abwesenden Lächeln. Es war ihm sichtlich angst, eine Formel, die er eben mit großer Mühe ausgerechnet hatte, wieder zu verlieren. Das erweckte Tantens Mitleid. Sie drückte ihn sanft wieder auf den Stuhl zurück und lächelte. Und als er sich sofort von neuem in seine Rechnung verlor, entschuldigte sie ihn mit einem Blicke, in welchem Glückseligkeit, vor allem aber Stolz auf ihren Mann lag:

»Wir wissen ja doch, daß er das Herz auf dem rechten Fleck hat«, sagte sie.

*

Am 6. Januar

Die Kinder sind entzückt! Mit Hurra und Jubelgeschrei, mit stürmischen Küssen und Liebkosungen haben sie die große Kunde aufgenommen. Wirklich, nur um Zeuge solcher Freude zu sein, wär's schon der Mühe wert, zu heiraten. Es klingt noch immer fort in meinen Ohren, es war eine so warme, herzbewegende Musik!

Ich aber, ich hab' keine Zeit mehr zu schreiben, ich finde überhaupt für nichts mehr Zeit. Wäre es mir jemals in den Sinn gekommen, daß so unzählige Dinge nötig sind, um eine verheiratete Frau zu werden? Drei Schneiderinnen sind damit beschäftigt, von früh bis abends zuzuschneiden, anzumessen und anzuprobieren. Die Nähmaschine saust nur so, und ihr Gesurre dringt durch die dicksten Mauern, daß man's von oben bis unten in dem alten Schlosse hört.

Ich flüchte mich vor diesem Lärm in den entlegendsten Winkel des Parks, dorthin, wo die Weihnachtsrosen wachsen, und wo ich manchmal Herrn Dr. Laupert finde. Wir wandern dann unter den entblätterten Bäumen die endlosen Alleen entlang. Hier und da liegt noch das dürre Laub auf den kleineren Seitenwegen; ich begrabe meine Füße darin und freue mich an dem hübschen, trockenen Rascheln, das so eigen jeden Schritt begleitet.

Herr Dr. Laupert will durchaus, daß ich ihn André nenne; ich mag auch den Namen sehr gern, so sage ich daher nur noch aus Versehen und selten Herr Doktor. Es ist zu wunderbar, verlobt zu sein, da gibt es immer neue Überraschungen; allerhand Dinge geschehen, auf die ich gar nicht vorbereitet war. Es ist z. B., als ob wir uns niemals alles gesagt hätten, wir haben uns stets Neues mitzuteilen, und doch gehören weder er noch ich zu den Gesprächigen. Ich glaube wirklich, daß wir sogar noch in einem ganzen Monat des Zusammenseins mit alledem nicht fertig würden, was wir einander anzuvertrauen haben. Tante Laura behauptet, es gehe immer so mit Brautleuten, und sie muß es wohl wissen, denn sie ist sogar zweimal verlobt gewesen. In der Tat, es ist etwas sehr Merkwürdiges, solch ein Brautstand.

Gestern, als wir zusammen am Eingang des Parkes standen, dicht bei unsern lieben Weihnachtsrosen, da sagte André ganz unerwartet zu mir:

»Nun sollst du mir etwas versprechen, Ninette, und du wirst's auch sicher halten, dessen bin ich gewiß.«

»Was ist es denn?« fragte ich gespannt.

»Willst du mir versprechen, mir niemals etwas, und sei's auch das allerkleinste, zu verheimlichen?«

»O ja, von ganzem Herzen gern«, antwortete ich, »aber ist das denn nicht ganz selbstverständlich?«

Er drückte mich zärtlich an sich. »Gewiß, du hast tausendmal recht, Ninette, so etwas sollte sich von selbst verstehen. Doch leider ist es nicht immer der Fall. Was mich betrifft, so verspreche ich dir vor Gott, der Zeuge ist, das gleiche. Ich werde dir stets alles sagen. Und dann noch ein anderer Punkt, mein Lieb. Wenn wir nicht derselben Meinung sein sollten, wenn irgendein Gegensatz zwischen uns entstände, dann, bitte, glaube nicht, daß du gezwungen wärst, mir nachzugeben, weil ich zufällig der Mann bin. Das würde dir und mir, das würde uns beiden schädlich sein. Nein, in solchen Fällen werden wir unsere Ansichten miteinander austauschen und unsere Gegensätze in Aufrichtigkeit besprechen, bis wir herausgefunden haben, wer von uns beiden recht hat. Auf diese Weise wird in unserer Ehe stets das Beste siegen und die Meinung des Weisesten, sei es die meinige oder die deinige, befolgt werden. Meinst du nicht auch, mein Lieb, daß wir so auf dem guten Wege besser vorwärts kommen werden?«

Oh, wie herrlich wird es sein, mit André Laupert zu leben! Wie schön ist es schon heute! Von Tag zu Tag ist mir's, als ob ich etwas weniger schlecht würde. Und doch, wieviel ist noch zu bessern an meinem armseligen Ich. Wie bin ich noch weit unten auf der Bahn, die hoch nach oben führt.

Man ruft mich. Wahrscheinlich soll ich schon wieder mein Kleid, mein Hochzeitskleid, anprobieren. Es wird ganz reizend werden, aus weißem Krepp mit alten Brüsseler Spitzen geschmückt, die noch aus dem Nachlaß meiner Mutter stammen. Wie freue ich mich darauf, es am Tage der Trauung anzuziehen. Und wenn ich es anprobiere, da bekomme ich immer Lust, einen Walzer darin zu tanzen. Eigentlich ist's eine Schande, solch ein Kind zu sein, wie ich es bin, besonders, wenn man dicht vor dem Heiraten steht. Aber André vergibt es mir. Er hat sogar herzlich gelacht, als er von den Wünschen hörte, die ich Fräulein Degner in betreff des Kleides aussprach, denn ich will es sehr, sehr lang haben, um ein klein wenig größer auszusehen. Das gute Fräulein Degner. Sie gibt sich ungeheure Mühe, um alles so schön wie nur möglich zu machen, und sie sieht mindestens ebenso zufrieden aus wie ich, was viel sagen will. Man muß nur ihr strahlendes Gesicht sehen und mit welchem Eifer sie die Nadel führt. Es rührt und überrascht mich zugleich, denn ich habe wirklich nichts getan, um das zu verdienen. Das versuchte ich ihr gestern zu sagen. Da richtete sie sich urplötzlich kerzengerade vor ihrer Nähmaschine auf, die dadurch auch mit einem Ruck zum Stillstand kam.

»Oh, Fräulein«, rief sie ganz laut, »wenn Sie in Ihrer Ehe nur die Hälfte des Glücks finden, das ich Ihnen von ganzem Herzen wünsche, dann werden Sie im Paradiese sein!«

Ich brach in Lachen aus, denn allerdings, ich erwarte auch ein Paradies mit André.

*

Am 25. Januar

Morgen schon ist der große Tag!!

Alles ist vorbereitet. Auf dem kleinen Sofa meines Turmzimmerchens liegt ausgebreitet die ganze schneeweiße Toilette, die ich tragen soll, um Ehefrau zu werden. Nichts fehlt daran. Von den kleinen, glänzenden, seidenen Schuhen an bis zu dem durchsichtigen, großen, duftigen Schleier, der mich vom Kopf bis zu den Füßen bedecken wird. Unter ihm verborgen soll ich in ein ganz neues Leben eintreten. Morgen! Was wird dieses Morgen bringen? Ich weiß es nicht; ich lasse mich ganz einfach lieben, voll Vertrauen, voll fröhlicher, geheimnisvoller Erregung.

O Herrgott, laß mich würdig werden des namenlosen Glücks, das du mir schenkst, laß mich ganz besonders meines Andrés würdig werden!

*

Am 26. Januar

Alles ist vorbei. In einer Stunde reisen wir ab, doch bin ich jetzt noch einmal ganz allein in meinem Stübchen, wohl zum letztenmal. Ich muß mein Kleid wechseln, Tante Laura hat mich daran erinnert.

Aber zuvor, du altes, liebes Tagebuch, komm schnell noch einmal her, denn ich muß dir anvertrauen, wie unaussprechlich, wie unbeschreiblich glücklich ich bin. Niemals habe ich auch nur eine Ahnung gehabt, daß solche Seligkeit möglich sei. Ich habe das höchste Ziel erreicht. Ich bin unermeßlich reich in der Liebe, die mir geschenkt ist, und wieviel reicher noch in einer anderen Liebe, in derjenigen, die nach und nach in mein Herz gekommen ist und die es jetzt vollständig erfüllt. Mein ganzes Leben wird nicht zu lang sein, um davon zu zehren!

Könnte irgendein Sturm über mir ausbrechen? Es dünkt mich, es wäre unmöglich. Nichts kann mir mehr schaden, ich habe den Hafen erreicht!

Wie schön war es in der Kirche, wie feierlich, wie innig, wie friedlich auch! Die Orgel spielte ganz langsam eine einfache Melodie, die mir Lust machte, zu weinen. Aus der Ecke des hohen, gotischen Fensters fiel ein ganz goldiger Sonnenstrahl auf uns zwei herunter. Man hätte es für ein breites, gelbes, leuchtendes Band halten können. André sah wie verklärt aus. Um seinen dunklen Kopf, um seine Gestalt war es wie ein Glorienschein, wie eine Lichtwolke, die ihn wunderbar erscheinen ließ. Es war wohl nicht ganz recht, vielleicht kaum schicklich, denke ich, doch ich konnte gar nichts anders: ich mußte mitten in der heiligen Handlung ihn anschauen. Und er tat genau dasselbe, und unsere Augen trafen sich und verließen sich gar nicht mehr, während der Pastor mit seiner tiefen Stimme diese Worte sprach: »Es ist nicht gut, daß der Mensch allein sei; ich will ihm eine Gehilfin machen, die um ihn sei. Darum wird ein Mann Vater und Mutter verlassen und seinem Weibe anhangen, und sie werden ein Fleisch sein. Was Gott zusammengefügt hat, soll der Mensch nicht scheiden.«

Andrés Augen glänzten, als ob in seinem Innern ein brennendes Feuer sein ganzes Wesen durchleuchtete. Warme Strahlen kamen aus jenen zwei blauen Sternen, so tief blau wie das Meer, auf dessen Anblick ich mich so sehr freue. Seit meiner frühesten Kindheit habe ich öfters schlafend oder wachend vom Mittelmeer geträumt. Und heute abend geht es direkt dahin.

Als wir aus der Kirche kamen – ich ging diesmal am Arm meines Mannes – wurden wir umringt und beglückwünscht, zuerst von meiner guten Tante, deren Stimme bebte, und dann von der Frau Direktor, die erstaunlich milde und viel liebenswürdiger als sonst aussah. Es schien mir, als hätte sie ihre strengen, herrischen Manieren, die mir so oft das Herz erkälteten, ganz abgelegt. Sie war prachtvoll, mit einem knisternden, steifen, schwerseidenen Kleide angetan. Was sie auch tragen mag, es ist alles steif. Ich wette hundert Mark, daß dieses rotseidene Kleid allein stehen könnte. Sein Rauschen war von einem Ende der Kirche bis zum anderen hörbar.

Ruth war auch da, in einer zartblauen Toilette. Sie sah wundersüß aus, bis auf ihre Trompetennase. Endlich kam Bella, viel weniger gut gekleidet, immer noch bleich und mit ganz nassen Wangen. Sie schaute mich so grundehrlich liebevoll an, daß es mich tief ergriff, denn mein Gewissen wirft mir einige Nadelstiche vor, die ich ihr im Lauf der Jahre zugefügt habe. Arme Bella!

Ich ging gerade auf sie zu und schüttelte sie mit aller Kraft, um meine eigene Bewegung zu verheimlichen. »Nein, Bella! zu denken, daß ich dir und eigentlich nur dir mein ganzes Glück verdanke! Denn wenn du die Masern nicht bekommen hättest . . . Ach Bella, ich will dich immer lieb haben und dir dankbar bleiben. Und wenn ich es dir einmal vergelten kann . . .«

Die Kinder unterbrachen mich, sie umringten uns, sie liebkosten mich, wie sie es nach ihrer warmen, innigen, begeisterten Art gewohnt sind, – aber ich hatte Zeit genug gehabt, das fröhliche und glückliche Lächeln zu sehen, das einen Augenblick lang des armen Mädchens Angesicht verschönte.

Sie ist auch eine Waise, gerade so wie ich. Ruth übrigens ist es ebenfalls. – Doch Bella hat weder Freunde, noch Geld, noch Schönheit, noch irgend etwas, das in dieser Welt mitzählt. Es erwartet sie kein anderes Los als dies: von Tag zu Tag, ihr ganzes Leben lang, unter anderer Leute Dach ihr saures Brot zu verdienen.

Ja, wahrlich, jetzt, wo ich ein eigenes Heim habe, will ich es wie Tante Laura machen. Ich will die Traurigen trösten, die Verwundeten pflegen, die Einsamen erfreuen, kurz, ihnen allen die Blumen der Liebe bringen, die sie sonst entbehren müßten. –

Aber ich will eiligst schreiben, hab' ich doch nur einen kurzen Augenblick, und ich möchte gern noch sagen, was nachher geschah.

Kaum waren wir aus dem Hochzeitswagen ausgestiegen und in den großen Vorsaal eingetreten, als André mich von den andern fortzog bis zu dem alten, erinnerungsreichen, kleinen Wohnzimmer, wo er mir zum allerersten Male seine Zärtlichkeit geschenkt hatte! Wie war das doch so schön! Wenn man es vernommen hat, und sei es auch nur ein einziges Mal, dies Wort: »Ich liebe dich!« dann ist das Leben ein ganz anderes, ein viel reicheres, wärmeres und größeres geworden.

André schloß die Tür, und dann faßte er mich an beiden Händen. Seitdem wir aus der Kirche zurückgekehrt, war es, als läge in seinem Wesen etwas wie eine neue Autorität und auch wie eine neue Art von Liebe.

»Das allererste, was wir als Ehegatten miteinander sprechen wollen, soll ein Gebet sein, nicht wahr, mein geliebtes Weib?« sprach er ganz leise.

Und er kniete neben meinem langen, weißen Gewande, vor dem Kamin, genau da, wo wir heute vor sechsundzwanzig Tagen waren, nieder.

Ich folgte seinem Beispiel, und dann ...

Nein, ich will nicht, ich könnte es auch nicht einmal beschreiben. Es dünkt mich, daß ich soeben erst durch dies Gebet meinen André kennen gelernt habe. Nun verstehe ich es, er hat Gott, er hat dem, der in voller Wirklichkeit sein Vater ist, alles, unsere Gemeinschaft, sogar mich, seine Vielgeliebte, alles, alles hingegeben.

Wie bin ich doch noch so weit hinter ihm. Zuerst sogar – darf ich es bekennen? – wenn ich André nicht so sehr geliebt hätte, wäre mir sein Wunsch, in diesem Moment zu beten, fast übertrieben und ungereimt erschienen.

Aber, nach jenem Gebet! ...

Nein, nein, ich hätte um keinen Preis unser Zusammenleben anders anfangen mögen.

*

Am 9. Februar
Sankt Raphael an der Riviera.

Heute vor vierzehn Tagen haben wir uns verheiratet. Ich fange an, mich schon ein ganz klein wenig an die Anrede »gnädige Frau« zu gewöhnen. Im Anfang ging das gar nicht, und André hat einige Male sehr darüber gelacht, wenn er sah, wie ich mich umdrehte und hinter mir nach der Dame suchte, die auf diese wiederholt an sie gerichtete Anrede stumm blieb. Sie mußte schwerhörig sein, die Ärmste!

»Aber du bist ja selbst die gnädige Frau«, erklärte er mir voll Vergnügen über mein erstauntes Gesicht, und nun lachten wir alle beide herzlich.

Und was hatte ich doch für Mühe, meinen Mann zu duzen! Denn während unserer Verlobung konnte ich mich nicht dazu zwingen. Wie oft mußte ich jetzt mein: »Wenn Sie wollen« durch ein: »Wenn du willst« verbessern. Und wie hatte er's so gerne, daß ich ihm meine besonderen Neigungen und meinen Geschmack verriet. Denn er will nicht, daß ich meine Individualität aufgebe und in der seinigen verschwinden lasse.

»Die wahre Einigkeit besteht«, sagte er mir gestern, »in der Verbindung von zwei Seelen, die beide gleichwertig, frei und aufrichtig sind. Jedes Überwiegen des einen über den andern kann nur dazu beitragen, das Gleichgewicht zu stören, das Gott herstellen wollte, als er in seiner unendlichen Weisheit beschloß, dem Adam eine Gehilfin zu geben, die ihm gleich sei.«

Gar vieles kommt mir seltsam vor. Ich bin glücklich, unbeschreiblich glücklich, aber mir ist, als ob ich einige Wochen brauchte, um mich an dies neue Leben zu gewöhnen, das so ganz verschieden ist von demjenigen, welches ich mir in meiner völligen Unkenntnis der Wirklichkeit vorstellte. Wie oft kommt's vor, daß ich André Laupert ganz heimlich von oben bis unten, von vorn und von hinten mit Aufmerksamkeit anschaue und mit einem tiefen, inneren Bangen mich frage: Ist denn dieser Herr wirklich mein Gatte, mein Mann, mein anderes Ich? Ist denn das möglich? Ich kann's noch gar nicht fassen!

Und dann, des Abends, bei der Rückkehr zum Hotel, wie oft hätte ich ihm da nicht beinahe die Hand zum Lebewohl gereicht, als ob ich mich in meinem Innersten bedrückt fühlte und ein böses Gewissen hätte, zumal vor der Frau Direktorin. Was die wohl sagen, mit welch furchtbarem Blicke sie mich anschauen würde, wenn sie mich hier, mich Unglückswurm, mich leichtsinniges Ding, um diese Abendstunde allein mit einem Herrn entdeckte! . . .

Und dann gleich darauf besinne ich mich. Und dann steigt ein schwindelndes Glück in mir auf, so daß ich fast vor Freude ersticke, und dann lege ich triumphierend meinen Arm in den seinigen und begleite »meinen Mann« bis in unser großes, getäfeltes, hohes Balkonzimmer, wo wir noch lange, lange sitzen bleiben und die Sterne anschauen, und wo ich jeden Abend von neuem all die süßen Dinge höre, die mich erzittern machen und die mein Herz in Wallung bringen . . .

Nein, nichts darf uns mehr voneinander scheiden, wir sind Eins geworden, wir gehören einander, wir sind durch die höchste Gabe, durch den allergrößten irdischen Segen, mit welchem Gott sein Schöpferwerk krönte, durch die Ehe, zusammengeschmiedet. Wir sollen ein ganzes Leben, ein langes, hoffentlich sehr langes Leben miteinander leben: und sollte es auch ewig dauern, sollte es unbegrenzt sein, es wäre noch zu kurz, um all meine Liebe für André zu verzehren.

*

Am 14. Feburar
Rapallo, Riviera die Levante.

Dies ist ein idealer Ort. Das Meer so blau, so unvergleichlich tiefblau, daß man fast blind davon wird. Wohin man auch immer geht, man sieht nur diese Bläue, man vergißt alles übrige darüber und hat davon gleichsam die Augen voll. Und doch ist auch das andere so reizend. Diese kleinen, an den dunkelgrünen Hängen aufgebauten Häuser, wie glänzen sie unter dem großen italienischen Himmel doch so schön in ihren roten, rosa, hellen, gelben, orange, blauen Farben... So komisch und so hübsch zu gleicher Zeit, eine auffallende Landschaft mit ihren warmen Tönen, die ich sicher oft in meinen Träumen wiedersehen werde.

Manchmal reisen wir mit merkwürdigen Leuten zusammen. Vorgestern z. B. saßen uns gegenüber im Coupé zwei Damen. Wie soll ich sie nur beschreiben? Es waren zwei ganz alte Damen, die mindestens wohl schon sechzig Winter auf Erden zugebracht hatten, obgleich André mir versichert, daß nur meine außergewöhnliche Jugend mich andere Leute so alt finden lasse.

»Glaube mir, sie sind in der Blüte ihrer Jahre«, flüsterte er mir ins Ohr, »oder sie meinen, es zu sein, was übrigens auf dasselbe herauskommt.«

Er kann von Zeit zu Zeit recht neckisch sein, mein André! Unsere Gegenüber glichen einander ganz genau. Sie trugen dieselben Pelerinen von schwarzem Astrachan mit glänzenden, dicken Locken, dieselben funkelnagelneuen grauen Kleider, denen man es ansah, daß sie soeben aus dem Laden kamen, dieselben Haarfrisuren mit langen Netzen, genau so, wie unsere Großmutter einst vor fünfzig Jahren. Dazu hatten sie genau die gleichen verschrumpften, verschrobenen, wunderlichen Gesichter. Zuletzt kamen noch gelbe, etwas herausstehende krumme Zähne. Aber die höchste Komik, dasjenige, was unsere Gegenüber ganz einfach unbezahlbar spaßhaft machte, lag darin, daß die eine von ihnen, obschon in allem übrigen genau wie ihre Schwester aussehend, doch nur gerade halb so groß wie die andere war. Gesicht, Figur, Anzug, sogar die Tasche, die sie am Arm über ihrem perlgrauen Handschuh trug, alles war um die Hälfte kleiner. Die beiden Damen sahen wie eine Riesin und eine Zwergin, die alles einander nachmachen, aus.

Oh, wenn ich nur so recht nach Herzenslust hätte lachen dürfen! Ich erstickte fast vor Lustigkeit; denn leider, leider bin ich von Natur ein Spottvogel, ich weiß das schon seit sehr langer Zeit, es ist einer meiner vielen Fehler. Aber es war unmöglich, ich durfte nicht einmal lächeln, denn zwei Paar Augen, die einen groß, die andern klein, doch beide streng und mißbilligend, waren voll forschender Neugierde auf uns gerichtet, als ob ihre Besitzerinnen sich gefragt hätten, welches Verhältnis zwischen André und mir wohl bestehen könne.

Ach, ich bin mir dessen schon lange bewußt geworden, und es ist ein nagender, brennender Schmerz, ich bin so klein, trotz meiner vielen heißen Bemühungen, größer zu erscheinen, daß ich ganz und gar nicht wie seine Gemahlin aussehe. Er ist ein großer, schöner Mann, der älter als seine 29 Jahre aussieht, jedermann sagt es.

Aber ich dünnes Persönchen! . . .

»Es ist gar nichts dabei zu bedauern, mein kleines Herz«, antwortete er mir letzten Sonnabend, als ich ihm meinen Kummer beichtete, »die Sache liegt ganz günstig für mich und sogar auch für dich. Wie gut, daß ich als Arzt dieses Aussehen habe. Es ist doch unumgänglich notwendig für einen Doktor, ehrbar und vertrauenerweckend zu erscheinen. Was würden wir wohl anfangen, wenn mein Äußeres dem eines bartlosen Grünschnabels gliche? Kein Mensch käme, um mich zu konsultieren. Du verstehst das, und du, du bist das holdeste . . .«

Ich schloß ihm den Mund mit meiner Hand, denn all die schönen Worte sind ja machtlos, mich zu trösten. Ich bin doch nur ein winziges, unansehnliches, unreifes Ding. Was er an mir zu lieben fand, ist ein ewig unlösbares Rätsel. Wenn ich ihm das voll Sorge andeute, dann lächelt er nur mit seinem schönen Lächeln, das so friedevoll und auch zugleich so heiter leuchtet. Dann nimmt er meine mageren Fingerchen in seine große, weiße, feste und zugleich weiche Hand und flüstert mir etwas ins Ohr . . . das ich niemandem, nicht einmal dir, du altes, treues Tagebuch, anvertrauen möchte. . ., etwas, was mich erröten läßt, was mich mit Seligkeit erfüllt!

Wie ist's nur möglich, solch ein Glück zu besitzen!

*

Nun geht es heimwärts, doch nur in kleinen Tagereisen, denn ich bin sehr müde. André beobachtet mich mit Aufmerksamkeit und umgibt mich mit Sorgfalt. Nichts könnte seine Güte zu mir hinreichend beschreiben; ich fühle mich von lauter Zärtlichkeit getragen. Niemals zum Beispiel würde er mich allein die Treppe hinunter gehen oder aus einem Eisenbahnabteil oder einem Wagen aussteigen lassen. Er dreht sich um und faßt mich leise an, er hebt mich in die Luft und setzt mich auf den Boden, als ob ich eine Feder oder ein ganz kleines Kind wäre. Ich bin freilich leider kaum schwerer als ein Kind. Wenn ich nur noch ein wenig wachsen könnte, mit einigen Zentimetern wäre ich schon zufrieden; ach, wie hätte ich das gern! Gestern abend wandte ich mich deshalb an meinen Mann:

»André, du bist ein Arzt, könntest du mich nicht ein bißchen wachsen lassen? Es gibt doch ganz gewiß irgendein Mittel, einen Trank, vielleicht eine Badekur dafür? Bitte, sage es mir.«

»Ach! Leider nein, mein Kleinchen«, antwortete nachsichtig und lächelnd André. »So etwas geht nun einmal über unsere Kunst! Du wirst entweder von selber wachsen, du hast ja noch viel Zeit dazu, oder du wirst gerade so klein und süß bleiben, wie du es heute bist; darin bin ich ganz und gar ohnmächtig.«

Darauf kaufte ich mir als letztes verzweifeltes Hilfsmittel während unseres Aufenthaltes in Venedig auf der Piazza Schiavone Stiefel mit so wunderbaren Absätzen, daß ich darauf beinahe wie auf Stelzen gehe. Sie machen mich um einen halben Zoll größer, und ich sehe darin fast respektabel aus, so daß ich lustig und stolz vor meinem Manne damit paradierte. Auf einmal aber bat er mich, zu meinem großen Erstaunen, sie nicht mehr anzuziehen.

»Ich möchte gern, daß du sie eine Zeitlang nicht trügest, mein kleines Frauchen«, sagte er ganz ernst. »Später wirst du sie gewiß soviel du willst benutzen.«

Ich öffnete den Mund, um ihn nach dem Grund seines merkwürdigen Einwurfs zu fragen, als der Hoteldiener die Ankunft der bestellten Gondel meldete, die vor der Tür im Kanal wartete, um uns zum Lido zu bringen.

André ging hinaus, um mit den beiden Ruderern zu sprechen, und ich, noch immer von Frau Direktor her an sofortigen Gehorsam gewöhnt, zog unwillkürlich meine wunderschönen neuen Stiefel aus und vertauschte sie gegen die kleinen niedrigen Schuhe, die unter dem Toilettentisch, wie ich hoffte, auf Nimmerwiedersehen, warteten.

Als ich zwei Minuten später die Marmortreppe des Hotels hinunterging, nahm ich mir fest vor, André um Erklärung zu bitten. Aber sie war so unbeschreiblich herrlich, diese langsame Wasserfahrt auf der Lagune; und dann ging's plötzlich unerwartet hinaus in das Adriatische Meer, das sich weit vor meinen geblendeten Augen auftat, so daß ich alles, was nicht Italien ist, vergaß.

Welch ein Land der süßen Träume, wo sich's so sanft und so leicht leben läßt, wo alles durchdrungen ist von jener überströmenden Poesie, die von einer hier heller als sonst irgendwo strahlenden Sonne heruntergestiegen zu sein scheint! Welch ein Land der funkelnden, glanzvollen Nächte und einer ruhmvollen, an geschichtlichen Erinnerungen und geheimnisvollen Sagen reichen Vergangenheit!

*

Am 2. März

Wir kamen mittags zu Hause an, im schönsten Sonnenschein, der die noch laublosen Bäume vergoldete und uns den fröhlichsten Gruß zum Willkommen brachte. Man erwartete uns nicht, André hatte es so gewollt. Und doch war alles in vollständiger Ordnung hergerichtet, und nach wenigen Minuten schon erschien Petronia mit strahlendem Gesicht, geschmückt wie stets mit ihrem großen, goldenen Kreuze auf der Brust, angetan mit ihrem braunen, wollenen, sorgfältig gekreuzten Schal, und servierte uns auf einem niedlichen, runden Tisch vor dem Kamin ein leckeres, hübsches, kleines Mahl.

Ich begrüßte es mit Wonne, zum ersten Mal seit vielen Tagen, denn mein prächtiger Pensionsmädchenappetit scheint irgendwo in Italien verloren gegangen zu sein.

Während ich es mir wohlschmecken ließ, schaute mir André mit großer Befriedigung zu; er goß mir zu trinken ein, er öffnete mir mein Ei, schnitt mir mein Brot, strich es mit Butter und nötigte mich, ja ordentlich zu essen.

»Bitte, nimm nur noch dies kleine Stückchen Kuchen, er ist so leicht; wir müssen dir wieder Farbe in deine bleichen Wangen schaffen, du meine kleine, weiße Weihnachtsrose.«

Er nennt mich oft so, weil er mich ja zu Weihnachten entdeckt hat. Aber mein Hunger war urplötzlich verschwunden, und das allerbeste Essen sagte mir nicht mehr zu. Im Gegenteil, ich wäre froh gewesen, hätte man mir versprochen, daß ich mich nie wieder zu Tisch zu setzen brauchte.

Da legte André seine Arme um mich, oder besser, um die ganze Wahrheit zu bekennen, er trug mich in die obere Etage bis in ein großes, hohes, helles, hübsches Zimmer, das in dem Augenblick voll Sonne war. Darin ist alles weiß, das Getäfel, die Decke, die Tapeten, die mit Geschmack aufgerafften Spitzengardinen und in der Mitte des Raumes das hohe, einem Throne gleiche, aber mit seiner Weichheit für ein armes, kleines, kraftloses Ding wie ich so einladende Bett! Alles ist weiß!

»Hier bist du zu Hause, Liebchen, in deinem eigenen Königreich, und wenn du mir eine große Freude machen willst, dann gehe jetzt schlafen, und wär's auch nur ein kurzes Stündchen, nicht wahr?«

Er kniete auf dem Teppich vor mir nieder, band meine Schuhe auf, umgab mich mit zarter Sorgfalt und verließ mich erst, als ich behaglich mit einer herrlich heißen Wärmflasche in wohldurchwärmten Kissen lag.

Ich schlief sofort ein und schlummerte sogar ruhig bis zum Abend!

Was doch das ist, verheiratet zu sein! Wenn ich mir jemals erdreistet hätte, am hellen Tage schlafen zu gehen, welch eine Strafpredigt würde es dann von Frau Direktorin gegeben haben! Arme Ninette, ich zittere schon, wenn ich bloß daran denke.

Das war also der Einzug in meines Mannes und auch in mein von jetzt ab eigenes Heim.

Hier werde ich alt werden, hier werden wir beide nebeneinander ergrauen und mit jedem Jahr, so Gott will, glücklicher sein.

Dieses »so Gott will« ist eine Gewohnheit meines Mannes, und er hält darauf. Ich bemühe mich daher, es auch zu sagen.

*

Am 8. März

Jetzt bin ich also Hausfrau. Oh, das ist ein Beruf, der eine ganze Lehrzeit erfordert! Fürs erste bin ich noch ungeschickt, unfähig und von Sorgen erdrückt. Ich mache Fehler über Fehler und vergesse eins übers andere. Aber das weiß ich sicher, ich werde mich schon zurechtfinden und vielleicht sogar Geschmack am Wirtschaften gewinnen. Denn André und die alte Petronia sind rührend gut zu mir.

Wie ist das doch so ermutigend, wenn man lieb behandelt wird, wie gibt das einem einen unerschöpflichen Vorrat an Kraft, Eifer und Ausdauer. Welch ein Unterschied zu dem Leben im Institute, wo bei jedem Mißgriff Frau Direktor, die natürlich über alle Fehler hoch erhaben schwebte, mir meine Sünden vorhielt, bis ich ganz mürbe und unfähig wurde.

Wahrhaftig, ja, die Hauswirtschaft kommt mir viel schöner vor als die deutschen Aufsätze, die Algebra und all das andere Zeug. Endlich bin ich in meinem eigenen Element, das steht fest!

Und dann bin ich nicht bloß Hausfrau, sondern auch noch dazu Hausherrin und Königin. Ich kann frei über meine Handlungen bestimmen und bin los vom Joch, und doch habe ich immer noch das Gefühl, als läge es auf mir, sobald ich nur das Geringste eigenmächtig tue.

So war's zum Beispiel heute morgen in der Küche, wo ich allein blieb, um den Eßschrank, der als Speisekammer dient, in Ordnung zu bringen. Ich muß gestehen, er hatte es nicht nötig, denn alles war am rechten Platze, wie das ja immer ist. Aber es ist Sonnabend, und Sonnabends muß ordnungsgemäß alles durchgesehen werden.

Auf dem mittleren Brett, zwischen allen anderen Vorräten, stand eine große Tüte mit braunem Zucker. Er ist so wunderschön hier, dieser braune Zucker, und ich liebe ihn sehr, besonders wenn er sich in etwas dunklere Kugeln zusammenballt, die im Munde zerschmelzen. Das ist feiner als alle Bonbons. Natürlich fehlte so etwas ganz im Institute. Dort war der Zucker immer weiß, kleingestoßen und fade. Solch langweiliger Zukker hat gar keinen besonderen Geschmack, und ich mache mir nichts daraus. Aber diese braunen Kugeln, o, welch eine unüberwindliche Lust empfand ich danach! Die Tüte war halb voll, bald konnte ich nicht mehr widerstehen. Zusammengekauert vor dem offenen Schranke, begann ich der Versuchung zu erliegen, ich verzehrte schnell, hastig, gierig, heimlich und mit einem schweren, angstvollen Gewissen, wer weiß wieviel davon.

Da, auf einmal, während eben eine ganz besonders süße Kugel auf meiner Zunge zerging, kam's mir plötzlich in den Sinn, daß all dieser schöne Zucker ja *mir* gehört, und daß ich das volle Recht habe, so viel davon zu genießen, wie mir behagt. Nun stand ich auf, ganz kerzengerade, und verzehrte gelassen die halbe Tüte. Welch süßes Fest! Ist das alles nicht gar zu schön? Ja, wahrhaftig, sie ist eine Herrin und eine Königin, die vielgeliebte kleine Frau des Doktors André Laupert!

Zu all meinem Glück kommen noch die Überraschungen, die mein Gatte mir bereitet. Neulich zum Beispiel, als ich hinunter kam, lagen zwei dicke Bände neben der heißen duftenden Schokolade, die jeden Morgen auf mich wartet, auf dem runden Tischchen neben dem Kaminfeuer, wo wir auch weiterhin alle unsere Mahlzeiten einzunehmen pflegen, was ihnen, beiläufig gesagt, ganz das Aussehen von Kinderdiners gibt.

»Was ist das für ein Buch?« fragte ich meinen Mann, indem ich den Titel laut vorlas. »Das Buch der Hausfrau auf dem Lande.«

»Das wirst du schon sehen, lies es nur von Anfang bis zu Ende durch« antwortete er schelmisch.

Ich gehorchte sofort und vergrub mich so darin, daß André fertig frühstückte und sogar fortging, um seinen täglichen Krankengang zu machen, ohne daß ich es merkte. Ich las und las, mir war's, als ob dieser Ratgeber für junge Hausfrauen und angehende Köchinnen das Interessanteste wäre, was es geben könnte. Erst um elf Uhr, als die Stubentür sich öffnete und André wieder auf der Schwelle erschien, merkte ich mit Schrecken, wie der Vormittag verflogen war. Beschämt stand ich auf und dankte ihm aufs wärmste für das nützliche Geschenk, das ich gewiß sehr gut gebrauchen werde. Er ließ mich gar nicht ausreden.

»Aber, Herzblättchen, du bist mir keinen Dank schuldig. Verstehst du denn nicht, daß ich dir dieses Werk aus reiner Selbstsucht mitbrachte, damit du dadurch eine ganz hervorragende Hausfrau ersten Ranges werden möchtest, die ihren Herrn Gemahl noch mehr verwöhnen wird, als du's bisher getan hast, die ihm nach diesem Buche kleine, wohlschmeckende, feine Gerichte zubereiten wird...«

Auch ich ließ ihn nicht ausreden, sondern sprang ihm an den Hals, um seine endlose Rede zu unterbrechen. Denn er irrt sich gründlich, mein André, ich bin es, die in diesem Hause verwöhnt, verhätschelt und mit Liebe überschüttet wird.

Ich muß es freilich über mich ergehen lassen, denn eine merkwürdige Müdigkeit erdrückt mich immer noch. Es ist wirklich unerklärlich.

*

Am 10. März

Gestern nachmittag habe ich einen seltsamen Besuch bekommen.

Das Wetter war schön, der Himmel klar, von jenem leichten, sanften Blau wie fast immer im ersten Frühling. Es wehte wirklich eine weiche, verheißungsvolle Frühlingsluft, und die warme Sonne vermochte schon die Knospen an dem Fliederbusche aufzuschwellen, der auf dem Hofe steht und auf dem ein bunter, kleiner Vogel hin und her hüpfte und laut, so viel er konnte, sang.

Auf der Veranda, die nach Süden schaut, dem altmodischen Garten gegenüber, hatte Petronia einen weiten, roten Ripslehnstuhl, der behaglich und einladend aussah, hingestellt. Im Anfang hatte ich ihn verschmäht. Sollte man die schönen, stillen Stunden nicht lieber benutzen, um überall in den verborgenen kleinen Wegen und verschlungenen Laubgängen des weiten Gartens Entdeckungen zu machen? Wie habe ich alles das so gern, ich einfaches Kind vom Lande! Wie schrecklich muß es sein in einer Stadt, vielleicht im dritten oder vierten Stock, ohne Sonne und mit nur wenig frischer Luft, eingeschlossen zu leben! Puh!

Dort wäre es für mich nur ein halbes Dasein, es ging mir gegen die Natur und schiene mir fast sündhaft zu sein. Wie freue ich mich daher an meinem großen Garten!

Gestern nachmittag jedoch, nachdem ich überall herumgelaufen war und dabei wahrhaft himmlische Eckchen entdeckt hatte, kam auf einmal die alte Kraftlosigkeit wieder über mich.

Ich kehrte zur Veranda zurück, wo der große, verlockende Lehnstuhl noch immer auf mich wartete, und ich versenkte mich sogleich in ihn. Oh, wie wohl war mir da drin! Petronia hatte sogar in ihrer freundlichen Aufmerksamkeit eine warme Decke darauf gelegt. Dicht in sie eingemummt, träumte ich erst allerlei, dann wurde ich nach und nach schläfrig und wollte eben einnicken, als plötzlich ganz ungewohnte, laute Töne mich heftig erschreckten. Ich fuhr in die Höhe, war in einem Nu auf den Füßen und entdeckte sofort, woher der Lärm erschallte.

Die mittlere Allee entlang kam jemand geradeswegs auf mich zu, jemand, der ungeheure Schritte machte und dabei unverständliche Laute von sich gab. Es war ein Koloß in Frauenkleidern, eine Art weiblicher Gendarm, so breit, so massig und so ungeheuer! Sie sah wie eine Fregatte erster Größe aus, nur, daß die vollen Segel aus Sammet und Seide wuchtig über ihre Statur gebreitet waren.

»Es ist die höchste Zeit, daß ich Sie finde«, schrie sie mich mit einer dünnen, fast ohrenzerreißenden Fistelstimme an. »Ich habe den ganzen Garten nach Ihnen abgesucht und habe rufen müssen, bis ich Halsschmerzen davon bekam.«

Dabei schüttelte sie meinen rechten Arm derart, daß ich am liebsten laut geschrien hätte. Dann setzte sie sich, ohne um Erlaubnis zu fragen, ganz ungeniert tief in meinen roten Lehnstuhl, so daß derselbe jämmerlich unter ihrer schweren Last krachte.

Darauf fing sie an, mich stillschweigend eine ganze Weile von oben bis unten und wiederum von den Füßen bis zum Kopf aufmerksam zu betrachten. Ich sprach auch kein Wort, denn ich hatte viel zu große Angst, in Lachen auszubrechen.

So herrschte tiefes Schweigen während zwei bis drei Minuten. Unterdessen stand ich vor ihr, genau wie wenn an mir eine Militäruntersuchung oder sonst eine ernste Prüfung vorgenommen werden sollte.

Als sie fertig damit war, redete sie mich endlich an.

»So, das genügt, Sie brauchen nicht länger auf Ihren Füßen zu stehen, meine Liebe. Holen Sie sich nur einen Stuhl, es sind auf der anderen Seite des Hauses eine ganze Menge da«.

Und als ich folgsam mit einem anderen Sessel wiederkam, sprach sie, sich in den ihrigen zurücklehnend: »Sie wissen doch, wer ich bin?«

Ich hatte keine Ahnung davon und sagte es ihr, so höflich ich es nur konnte.

»Was? Sie wissen es nicht? Ist das auch wahr? Nein, das kann nicht sein.

André Laupert muß mit Ihnen von mir gesprochen haben. Wie oft habe ich ihm die Nase geputzt, als er noch ein kleiner Dreikäsehoch war. Und nun hat er sich eine Frau geholt, der Junge, ha, ha, ha, er ist wahrhaftig mit wenigem zufrieden gewesen. Was Sie doch für ein Knirpschen sind! Na ja, er wird sich in Ihr Lärvchen verguckt haben; so sind sie eben alle, diese Männer, die Geringste genügt, sie zu behexen. Sie brauchen mich nicht so böse anzugucken, wie ein zorniges Kätzchen, meine Liebe. Wenn Sie mich besser kennten, würden Sie wissen, daß ich niemals verletzen will. Ich sage bloß laut, was ich inwendig denke. Und warum auch nicht? Das ist meine Offenherzigkeit.«

In diesem Moment erschien Petronia. Sie trug auf einem niedlichen, blaulakierten Brettchen meine wunderschöne Tasse mit meinem Namenszuge, Andrés jüngstes Geschenk. Sie begrüßte höflich die Dame, welche, glaube ich, Frau Hitzlich heißt. Aber aus wenigen dünnen Fältchen, welche plötzlich über ihrem linken Auge erschienen, sowie aus einem komischen Zucken ihrer Lippen ersah ich, daß sie nicht übermäßig entzückt von ihr ist.

Die Tasse enthielt ein in süße Milch geschlagenes Ei. – Man behandelt mich wie eine Kranke. –

Ich nahm sie Petronia sofort ab und machte ihr ein Zeichen, Tee zu bereiten für den Gast, der sich voraussichtlich nicht sobald empfehlen würde.

Petronia verstand und ging.

Kaum waren wir allein, so fing Frau Hitzlich mit derselben überlauten Stimme ihr fragendes Selbstgespräch wieder an. Ist irgend jemand auf der Straße hinter der Mauer unserer Veranda vorbeigekommen, so hat er alles hören müssen.

»Und Sie haben also wirklich Ihre Hochzeitsreise nach Oberitalien gemacht? He, sagen Sie mir doch, wie Sie darauf gekommen sind? André hat sicherlich nicht Geld genug, um es so aus dem Fenster zu werfen. Da müssen Sie in den vier Wochen ja mindestens achthundert oder tausend Mark oder wohl gar noch mehr ausgegeben haben? Barmherziger Himmel! Wär's nicht gescheiter gewesen, dies viele Geld beiseite zu tun für die kommenden kleinen Jungens? Aber warum werden Sie denn so purpurrot? Seien Sie doch froh darüber, meine Liebe, denn eine Frau ohne Kinder wird niemals ganz die Herrin in ihrem Hause. Übrigens, damit Sie es recht werden können, hören Sie einen guten Rat, er heißt: Immer nachgeben, immer nachgeben, verstehen Sie? Sich immer fügen, den Männern gegenüber tun, als ob man stets gehorche; den ganzen Tag, von früh bis abends, nur Ja, Ja, Amen, Amen sagen. Die Männer mißtrauen niemals einer Frau, die so zahm tut, verstehen Sie! Und dann nachhher, wenn sie den Rücken drehen, dann, paff, macht man doch alles, was man will. So kriegt man sie unter den Pantoffel. Glauben Sie mir, kleines Frauchen, das ist das System gar vieler Gattinnen. Es ist auch meines gewesen, nun schon seit bald achtundzwanzig Jahren, und ich habe mich sehr wohl dabei befunden. Darum kann ich aus ureigenster Erfahrung reden. Mein Mann und ich, wir zanken uns niemals, wir sind stets einer Meinung und leben in vollkommener Harmonie. Und ich, ich bin die Herrin, ohne daß er im geringsten eine Ahnung davon hat, der gute Mann, und ohne daß seine behagliche Ruhe auch je nur eine Minute getrübt worden wäre. Aber das ist eine Kunst, bei der man schlau zu Werke gehen muß: ich will Ihnen gern dabei helfen, da ich's gut mit euch beiden meine.«

Ich sprang auf; das Blut kochte mir in den Adern, in den Ohren und bis in die Fingerspitzen.

»Besten Dank, gnädige Frau, aber André und ich sind keine Gegner, darum werde ich mich niemals vor ihm verstellen. Sollten wir eines Tages verschiedener Ansicht sein, nun gut, dann werden wir die Sache besprechen und uns miteinander verständigen. In solchem Falle werde ich ihm nur dann nachgeben, wenn ich sicher bin, daß er im Recht ist. Denn, sollte er zufällig unrecht haben, so wäre es schlecht von mir, ihm nachzugeben, weil ich damit ihm und auch mir selber nur schaden würde. Man heiratet einander doch dazu, um auf dem geraden Wege durch gegenseitige Förderung vorwärts zu kommen. Im übrigen bin ich überzeugt, daß mein System mehr wert ist als das Ihrige.«

Frau Hitzlich hatte mich zuerst starr angeschaut, als wär ich eine Ziege mit fünf Beinen. Nachher fing sie, zurückgeworfen in den Lehnstuhl, mit zum Himmel erhobenen Armen, ein unendliches Gelächter an. Sie lachte, sie hustete, sie pustete, sie tupfte ihre fast blau gewordenen Backen mit einem ganz kleinen, mit reichen Spitzen besetzten Taschentuch. Sie konnte sich nicht mehr beruhigen, und als es ihr endlich gelang, da war das Batisttaschentuch ganz naß von ihren Tränen und klebte wie ein Knäuel zusammen, so hatte sie gelacht!

»Ta, ta, ta, was für eine Milchsuppe, was für eine aufbrausende kleine Furie sind Sie doch, meine Liebe. Na, warten Sie nur; wer zuletzt lacht, lacht am besten. Sie werden schon an mich denken, wenn erst die Flitterwochen vorbei sind, das kann ich Ihnen im voraus versichern. Bis dahin regen Sie sich aber nicht mehr auf, das ist Ihnen gar nicht gut. Ja, du lieber Himmel, es ist eben der Lauf der Dinge, heute will das dümmste Eichen klüger sein als eine alte Henne. Wir werden einmal sehen, wie es mit Ihnen beiden gehen wird. Alles das ist übrigens Ihre eigene Sache und geht mich nichts an, aber ich wollte Ihnen wohl. Ein ausprobiertes und gut befundenes Mittel sollte man nicht verachten, Sie werden es schon bald genug merken. Möchte es dann nur nicht zu spät sein! Da Sie aber einmal so unvernünftig sind, wollen wir mit diesem Thema aufhören und etwas anderes besprechen. Zuerst aber setzen Sie sich einmal wieder hübsch ruhig hin. Also: ist es denn wahr, daß Ihre Ausstattung sechs Dutzend feine

Hemden enthält, die alle mit Spitzeneinsätzen garniert sind? Das ist doch viel zu viel; was für eine Verschwendung, du lieber Himmel!«

»Sie stammen von meiner Mutter her, aus ihrer einstigen Ausstattung«, erwiderte ich fast schüchtern, denn der Gedanke an meine Wäsche gab mir nicht denselben Mut wie der vorherige an André.

»Nun gut, das läßt sich hören, nach dem Tee müssen Sie mir alle Ihre Sachen zeigen, ich werde Ihnen meine Meinung darüber sagen.«

Das tat sie denn auch. Es hatte längst halb sechs geschlagen, als sie endlich fortging, nachdem sie meine arme Ausstattung gehörig besehen, gezählt, geschätzt und gerichtet hatte. Oh, wie erschöpft war ich!

Als André wieder heimkam, warf ich mich in seine Arme und erzählte ihm, dem Weinen nahe, von meinem schrecklichen Nachmittag.

Zuerst hörte er mir schweigend zu; er ist gewöhnlich eher etwas wortkarg, mein lieber Mann, aber ich merkte ganz gut, daß er nicht sehr zufrieden war.

»Die gräßliche Frau!« rief ich zuletzt, ganz außer mir. André stand eben neben mir, den rechten Arm um mich geschlungen, und berührte sanft meine Lippen mit der Spitze seines Zeigefingers.

»Ninette«, sagte er ernst, »ich verstehe dein Geärgertsein sehr gut. Frau Hitzlich ist aber durchaus nicht eine gräßliche Frau, es steckt im Gegenteil sehr vieles Gutes in ihr. Nur eins ist recht traurig, daß sie, obschon bereits seit achtundzwanzig Jahren verheiratet, noch gar nicht ahnt, was eine rechte Ehe ist. Darum verdient sie all unser Mitleid, denn so etwas ist doch ein tiefes Unglück. Es gibt leider viele Paare, bei denen es genauso geht, deshalb laß uns achtgeben, Ninette, und schon von Beginn an recht weise sein. Eine Ehe wird so, wie ihr Anfang war, gut oder schlecht. Wir wollen gut anfangen und das Böse sorgfältig vermeiden, es geht sonst mit dem Bösen wie mit der Schneeflocke, die zur Lawine wird. Und dann ist es aus mit der rechten Ehe und ihrem wunderbaren Segen. Vor einer ganz besonders schlimmen Falle aber, in die gar manche Eheleute stürzen, wollen wir uns hüten, vor der Sucht zu kritisieren. Es hängt ein Fluch daran. Laß uns niemals harte Worte oder unfreundlichen Tadel über andre aussprechen, selbst wenn wir unter uns sind. Willst du das, mein Lieb?«

Ich war ganz betrübt und bereute sehr mein scharfes Urteil über Frau Hitzlich. So nahm ich gerne das heilige Gelübde auf mich.

Wie werde ich aber von nun an meine Zunge hüten müssen!

*

Am 10. April

Seit einem ganzen Monat habe ich nichts geschrieben. Ich habe auch gar keine Lust dazu. Es ist wirklich war; ich, die ich sonst so lebhaft, so ruhelos, so unermüdlich bin, ich schleppe mich buchstäblich von Zimmer zu Zimmer, vom Garten bis zur Veranda, vom Bett bis zum Sofa. Doch habe ich keine Schmerzen, ich bin nur müde und erschöpft. Und dann die unerklärlichen Launen; ich will vernünftig sein, es nützt nichts.

Statt meines sonst so prachtvollen Appetits ekelt mich alles an. Brot kann ich nicht sehen, Fleisch ist mir ein Greuel und alles andere übrigens auch. Das einzige, wozu ich Lust habe, ist Obst, und es gibt nicht viel im April.

Ach es klingelt. Wie gut, gewiß kommt Tante Laura, die wird mich aufrichten.

Am Abend

Sie brachte mir wundervolle Trauben und ein winziges Körbchen frühreifer Erdbeeren mit. »Es sind die allerersten, kleiner Schatz«, sagte sie, indem sie mich zärtlich küßte. »Herbert, unser braver Gärtner, hat sie extra für dich gezogen. Er pflegt noch andere und auch Himbeeren im mittleren Treibhaus; und wenn sie reif sind, sollst du haufenweise davon haben, soviel du nur willst. Er läßt es dir mit seinem ehrerbietigen Gruße sagen.«

Tante Laura blieb mehr als eine Stunde neben meiner Chaiselongue sitzen und erzählte mir allerhand reizende und heitere Geschichten von ihrem zahlreichen lieben Volk. Man ist dort in Felsen stets guter Laune, und was das alles für originelle, im besten Sinne des Wortes geniale Menschen sind!

»Wie kommt's nur, daß sie so prächtig geraten sind?« fragte ich Tante Laura im Laufe unserer Unterhaltung.

»Ich weiß es nicht«, antwortete sie nachdenklich, indem sie ihren Kopf auf ihre linke Hand stützte, wie sie es immer tut, wenn sie sich über eine Sache klar werden will. »Du hast doch gehört, daß ihre erste Mama meine beste Freundin war. Und ich weiß noch ganz genau, welch einen wohltuenden Eindruck diese glückliche Familie auf mich machte, sooft ich dorthin zum Besuch kam. Ich glaube kaum, daß ihre Mutter sehr oft freie Zeit gehabt hat, um an ihnen viel herum zu erziehen, sie waren dazu zu zahlreich, und sie selber war von zarter Gesundheit. Ihr Vater aber hat sich niemals darum gekümmert«, fügte sie mit einem schalkhaften Lächeln hinzu. »Er hat sich damit begnügt, von seiner ewigen Zerstreutheit abgesehen, der allerbeste Mann der ganzen Welt zu sein, mit Ausnahme deines eigenen Ehemannes, nicht wahr, du stimmst doch zu?« Und sie lachte dabei so fröhlich ihr ganzes, gutes, herziges Lachen.

»Aber, obgleich sie keine weitschweifigen Erziehungsmethoden aufstellen, so haben Herr und Frau Lichtenau ihre Kinder doch prächtig erzogen. Man sieht es ja deutlich. Sie ließen eben diese lebensfrischen, jungen Pflanzen in möglichst voller Freiheit wachsen, beschnitten daran nur, was unumgänglich notwendig war, und achteten um so sorgfältiger auf alle Einflüsse, die von außen kamen. In dieser Atmosphäre eines gesunden Heims gaben beide Eltern selber das Beispiel alles Guten. Weder Kritisieren, noch Lügen, noch irgend etwas Gemeines wurde dort geduldet. Ich denke, hierin liegt das ganze Geheimnis der Erziehung, nächst der Gnade Gottes als der besten Hilfe. Ich folgte einfach diesen Spuren, und so sind wir alle glücklich jetzt schon hier auf Erden und hoffen, es im Himmel einst noch mehr zu werden.«

Sie drückte meine Hand; ihre großen, blauen Augen wurden feucht, diese Augen, so voll von Friede und Glück. –

Als sie fortgegangen, schien es, als ob ein lichter Schimmer im dunkeln Zimmer rings um mich her geblieben wäre.

Sie muß eigentlich eine recht schwere Aufgabe haben, Tante Laura, es ist gar nicht anders möglich. Aber niemand würde es ahnen, und ich glaube fast, daß sie es selbst nicht weiß. Sie geht einfach vorwärts Tag für Tag, sich auf den Helfer stützend, von dem sie soeben zu mir sprach.

Ich fange an es zu begreifen und zu glauben, daß Gott uns niemals im Stiche läßt, wenn wir nur unsere Pflicht tun und uns um derentwillen heiligen, für die wir Rechenschaft ablegen müssen vor seinem Thron am jüngsten Tage!

*

Am 18. April

Der Abend brach schon herein, als André heimkam.

Hinter den drei ungeheuren Pappeln, die nach Westen zu unsern Horizont begrenzen, ging die Sonne langsam unter. Die ganze Landschaft war wie in warmes Rosenrot getaucht, es schien, als wäre ich selber und alles an mir, meine Kleider, meine Hände, wie in einem Flammenmeere. Alles glänzte, und ich hatte meine Freude daran, mich so schön zu sehen, und ließ voll Lust die Strahlen durch meine Finger gleiten, an denen wie ein großer Diamant mein Trauring funkelt.

André kam nahe heran an meinen Lehnstuhl, der der großen, weißbehängten, jetzt wie von einem Purpurschleier eingerahmten Fensteröffnung gegenüber stand.

Ich liebe diesen Platz sehr, und bin oft hier, denn ich schaue noch immer ebensogerne durchs Fenster.

Er kniete auf dem Kissen nieder zu meinen Füßen. »Geliebte, ich habe dir etwas zu sagen.« –

Seine Stimme war feierlich und seltsam, als käme sie von ferne, genauso wie an jenem Abend... dem seligen, schönen Abend, wo mein ganzes Glück begonnen.

»Mein Lieb, kannst du es nicht erraten?«

Sein Blick sagte etwas, das mich ergriff. Er sah so besorgt und doch so zärtlich aus und lächelte ganz leise.

Da, auf einmal erriet ich es. Seit einigen Tagen übrigens, glaube ich, war schon in mir eine heimliche Ahnung davon aufgestiegen.

Ich warf mich in meines Mannes Arme, voll Bangigkeit. Mir war, als stünde ich auf der Schwelle eines unergründlichen Geheimnisses.

»Oh, André!«...

Er zog mich an seine Brust, und ich fühlte die regelmäßigen Schläge dieses treuen Herzens, das mir ganz gehört. Sie sagten mir: »Fürchte dich nicht, ich bin bei dir, ich teile alles das, was dich beängstigt.«

Und ich fing an zu schluchzen, war's vor Bangen, war's vor Freude, ich weiß es nicht. Indessen drang langsam und leise etwas ganz Neues, ganz Außerordentliches, mir bisher Unbekanntes, etwas Großes und Geheimnisvolles zugleich in meine Seele, bis in das tiefste Innerste meines Ichs: Es war das Muttergefühl. Ich lag an meines Mannes Brust! Er sprach nicht, ich auch nicht. Es wäre uns unmöglich gewesen. Er hielt mich einfach, wie man sein kostbarstes Kleinod hält, wenn man es zu verlieren fürchtet.

So betrat ich nun dies neue Land, so schritt ich in den Armen meines Mannes vorwärts auf dem Wege nach oben, während hinter den drei Pappeln die goldene Sonne, den Himmel in rote, wunderbare Lichter tauchend, langsam unterging.

*

Am 20. April

Ein kleines Kind!!!

Zuerst hatte ich nur an mich gedacht, bis ins Mark meines Gebeines mich fürchtend vor all dem mir Unbekannten, Unbestimmten, vor den sich schrecklich fühlbar machenden Dingen, durch die ich nun unerbittlich werde hindurchgehen müssen! Oh, wie ich mich diese ganze lange Nacht hindurch wie im Fieber auf meinem Lager wälzte, Stunde um Stunde, während der Schlaf unbarmherzig meine brennenden Augen floh und aus meiner wirren Einbildung allerlei Gespenster emporstiegen!

Ich wollte André nicht gerne wecken, er hat in diesen letzen Wochen so übermäßig viel zu tun gehabt. Endlich aber doch, als ich es nicht mehr ertragen konnte, rief ich ihn ganz leise.

Wie war er so gut, so tröstlich und so hilfreich zu mir! Es gibt doch gar nichts Besseres auf der Welt als einen lieben Ehemann. Er sprach zu mir, er beruhigte und ermahnte mich, und nach und nach schien meine Last mir leichter. Trug er sie denn nicht ebenso wie ich?

Zuletzt sagte er noch: »Hat nicht ein viel Mächtigerer auch *unsere* Last auf sich genommen? Weiß es mein Liebchen nicht, und sollte es nun auch nur einen Augenblick an dieses himmlischen Vaters Treue zweifeln?«

So allmählich nahm ich's an, ja, nahm's mit Freuden an. Und nun begann ich an den kleinen Fremdling zu denken, der bald seinen Platz in unserm Heim einnehmen soll. Dieser kleine Fremdling, dieses kleine seltsame Wesen, wie wird's beschaffen sein? Wie bin ich doch so neugierig, wie freue ich mich, ihn zu sehen und mit ihm bekannt zu werden! Vielleicht muß ich sterben, wenn es ankommt, ja, das ist möglich, und davor fürchte ich mich so sehr. Aber vielleicht werde ich auch am Leben bleiben, und wenn ich weiterlebe, werde ich zwei zu lieben haben: meinen André und den, den André mir geschenkt hat.

Oh, ich bin zu glücklich, und meine Furcht flieht immer mehr und mehr vor unserer Seligkeit. Die ist ja zwiefach, denn auch André ist voll Freuden. Ich wußte gar nicht, daß die Männer sich auf ein kleines Kind so freuen können.

*

Am 16. Mai

Heute ist mein Geburtstag, ich bin achtzehn Jahre alt geworden.

Das Wetter ist herrlich, die Sonne strahlt; wir haben dies Jahr den allerschönsten Frühling, an den ich mich erinnere. Der Himmel ist immer blau, der Flieder blüht so schön, wie ich ihn, glaube ich, noch niemals sah, in dicken, vollen Büschen voll Duft und Frische. In dem großen Garten sind viele Nachtigallennester. Gerade meinem Fenster gegenüber wohnt ein altes Pärchen, und das Männchen singt wundervoll. Jeden Abend, während ich einschlummere, höre ich es und träume dann von allerlei Dingen. Und wenn ich in der Nacht nicht schlafen kann, dann dringen seine langgezogenen Töne und zauberhaften Triller, zusammen mit dem Duft der blühenden Büsche, durchs offene Fenster ein.

Es geht mir jetzt viel besser, und André glaubt, daß ich in einigen Wochen wahrscheinlich ganz wohl sein werde.

Es war heute morgen noch ein anderer, ein viel süßerer Duft, nicht der des Flieders, es war Rosenduft, der mich weckte. Überrascht richtete ich mich auf: mein Bett war ganz bedeckt mit Rosen!

Oh, wie herrlich waren sie! Dunkelrote, ganz große offene, dann helle blaßrote, Marschall Niels mit ihrem feinen Geruch, zarte Knospen in weiches Moos gehüllt, und besonders die weißen, die man Teerosen nennt und die ich am allerliebsten habe. Sie sind so schön, so rein, und so voll süßen Duftes. Ich ziehe sie allen ihren Schwestern vor.

Ich war noch dabei, all diese Blütenfülle zu bewundern, als ich plötzlich André bemerkte. Er hatte mich, hinter der spanischen Wand versteckt, belauscht und war entzückt über meine Freude! Ich streckte ihm meine beiden Arme entgegen.

Etwas später bat er mich, zu meinem Geburtstag ein weißes Kleid anzuziehen.

»Ich möchte dich am liebsten immer so sehen«, sagte er.

»Weiß ist aber gar keine vorteilhafte Farbe«, warf ich ein.

»Es ist im allgemeinen wahr, und neunmal von zehn würden die, welche es tragen, es schnell beiseite tun, wenn sie sehen könnten, wie wenig es ihnen steht. Aber es gibt Ausnahmen, und du bist eine solche, dank deiner zarten Haut und deinem hellen Teint. Also bitte, ein weißes Kleid, nicht wahr? Du wirst dann um so mehr einer weißen Weihnachtsrose gleichen, du liebes, feines, kleines Mairöslein, du.«

So holte ich also aus meinem großen Kleiderschrank ein weißes, weiches und glänzendes Kreppkleid heraus, von Venedig mitgebracht, das mir in dem hohen Schaufenster am St. Markusplatz so gut gefallen hatte und mir noch jetzt viel Freude macht. Ich sehe es noch ganz deutlich vor mir, wie André an jenem Tage unter der heißen südlichen Sonne neben mir stand, und wie er geduldig all die vielen Schaufenster mit besah, vor denen ich so gerne stehen blieb, obwohl er selber sich sicherlich gar nichts daraus machte.

»Du findest den Stoff hübsch? Nun denn, ich auch. Laß uns hineingehen und ihn gleich kaufen.«

Wir sind hineingegangen und ließen ihn vom Ständer herunternehmen.

Er war wirklich reizend. Und wir verließen den Laden im Triumpf, mit unserem Paket unterm Arm, gefolgt von dem beifälligen Lächeln aller Ladenjungfern. »Carini sposi«, sagte eine von ihnen hinter uns.

Ich vermute wohl, daß sie den Preis meines Kleides etwas hoch hinaufgeschraubt hatten, aber was schadet's? Heute garniert es André mir mit weißen Rosen. Er steckt welche in mein Haar, an meine Brust, und dann führt er mich zu unserm Frühstückstischchen, das diesen Morgen mit allerhand hübschen, nützlichen und herrlichen Sachen, meinen Geburtstagsgeschenken, bedeckt ist.

Ein neuer Beweis seiner Liebe, die mein Leben so unermeßlich reich macht, und von der ich vor kaum fünf Monaten noch gar nichts besaß. Welch ein Wechsel! Welch eine Umwandlung! Wahrhaftig, der Zauberstab der Feen hat's getan!, oder sagen wir lieber, der Segen Gottes ist's gewesen!

Tante Laura hatte mich natürlich auch nicht vergessen, und ich konnte ihr Geschenk gar nicht genug bewundern; es ist ein reizendes Aquarellbildchen im goldenen Rahmen, die Moosbank am Eingang des Parks, mit den weißen Weihnachtsrosen rings herum, darstellend.

Nun war da noch ein umfangreiches, verschnürtes Paket!

Ich fing an es aufzuschnüren. »Wenn man irgendwie kann, soll man nie die Bindfäden zerschneiden«, hat uns die Frau Direktor eingeprägt. Meine Neugierde wuchs immerzu, denn es gab mindestens fünf oder sechs harte Knoten aufzumachen.

»Was mag es sein, André? Was meinst du wohl?«

»Ich habe selber keine Ahnung«, erwiderte er, »aber Geduld, du wirst's schon sehen.«

Endlich gab die große, gelbe Papierhülle nach. Sie öffnete sich, und es erschienen zwölf kleine, in weißes, glänzendes Seidenpapier gewickelte, mit bunten, seidenen Bändern gebundene Pakete.

Sie enthielten – zwölf Babyjäckchen, gestrickte, gehäkelte, gestickte, von weicher, zarter Wolle, oder von so feiner Baumwolle, daß sie wie Seide aussahen, eine wahre Lawine von Babyjäckchen... »Mit den besten Glückwünschen von Lina Hitzlich«, sagte eine kleine Karte, die darunter lag, und die auf ihrer Rückseite das Bild unzähliger Kinderchen von den verschiedensten Sorten, liebliche und weinerliche, zufriedene und wütende, eingeschlafene und wach gewordene, in großer Tauftoilette und im Badezustand, kurz, Baby auf Baby trug. –

Ich sah André an; er lachte aus vollem Halse.

»Aber«, stotterte ich, »wie hat sie's denn erraten können?«...

Er setzte eine sehr feierliche Miene auf. »Glaubst du wirklich, Ninette, daß der geringste, der kleinste Umstand dem forschenden Geist unserer weisen Freundin entgehen könnte! Ich möchte wetten, daß sie noch vor uns unsere Hoffnungen gekannt hat. Und wehe dem, der's wagen würde, irgendein Geheimnis ihr vorenthalten zu wollen! Ihr Scharfsinn würde doch dahinterkommen, und Blitz und Donner wären die Strafe des Unglücklichen. Nein, nein, Ninette, es gilt ein ganz offenes Leben vor gewissen, überlegenen Persönlichkeiten zu führen, denen man hier und da auf dieser Welt begegnet, und niemals vor ihnen etwas zu verbergen zu suchen, nicht einmal, was wir zu essen bekommen oder was in unseren Schränken steckt. Es ist umsonst. Sie dringen doch in alles ein!« Dann, seine Stimme ändernd, fügte André warm hinzu: »Frau Hitzlich ist aber wirklich trotzdem sehr lieb.«

Das war auch meine Meinung. Ungeachtet meines Ärgers und meiner Verlegenheit, mein großes Geheimnis so ans volle Tageslicht gezogen zu sehen, rührten sie mich außerordentlich, all diese kleinen Dinger, all diese Stiche, diese große Summe Arbeit, die für ein noch geheimnisvolles Wesen, für das Fleisch von meinem Fleische, gemacht worden waren. Laut verkündeten sie seine Ankunft. Niemals hatte ich mir das so fühlbar vorgestellt, wie gerade jetzt in diesem Augenblick, gegenüber all diesen niedlichen, kleinen Kleidchen, die es einst tragen soll. Plötzlich war mir's, als ob ich die rosigen Ärmchen sähe, wie sie jene Ärmelchen ausfüllten, und wie diese niedlichen, spitzenbesetzten Mäntelchen die kleine, zarte Gestalt umhüllten.

Es war ein unaussprechliches süßes Gefühl, und ich schulde Frau Hitzlich eine der tiefsten und innigsten Empfindungen meines Lebens.

*

Am 24. Juni

»Dem Glücklichen schlägt keine Stunde.«

Ich habe also seit sehr langer Zeit gar nichts mehr zu berichten gehabt. Heute im Gegenteil muß ich mit schwerem Herzen den allerersten großen Schmerz in meinem neuen Leben aufschreiben: Tante Laura wird für lange Zeit weit fortreisen. Diesen Morgen nach dem zweiten Frühstück kam sie selber, mir's zu sagen. Sie trug eins ihrer unmöglichen Kleider, aber sie war unsagbar lieb und freundlich, wie sie es immer ist. Daß sie ebenso traurig war wie ich selber, habe ich wohl bemerkt, denn ihr Gesicht war ganz verstört und ihre Augen rotgeweint; aber selbstverständlich gab sie es durchaus nicht zu, das wäre ihr ganz unähnlich gewesen.

»Es ist natürlich für deinen Onkel unmöglich, allein fortzugehen«, sagte sie gleichsam entschuldigend, »er würde eine Unvorsichtigkeit nach der andern begehen, der liebe, gute Mann. Du kannst dir das vorstellen. Ich seh's voraus, darum muß ich ihn durchaus begleiten. Ich werde die vier Jüngsten mitnehmen, denn Seeluft wird ihnen gut tun. Nathan und Jemima sehen etwas bleich aus seit der großen Hitze.«

»Wie viele Monate werdet ihr denn fortbleiben, Tante?« »Mindestens sechs, vielleicht auch sieben oder acht. Die Sonnenfinsternis, die dein Onkel beobachten will, findet erst Ende September statt, und wenn sonst die Bedingungen gut sind, wird er hinterher noch sehr viel Arbeit haben. Astronomische Berechnungen, genaue Beschreibungen der festgestellten Beobachtungen, wissenschaftliche Berichte, Briefwechsel mit den anderen Astronomen, Artikel für die Presse und wer weiß was alles. Er wird mich wohl nötig haben«, fügte sie zum Schluß hinzu.

Das glaube ich schon, daß er sie nötig haben wird. Tante Laura ist ja immer die reinste Vorsehung für diesen liebenswürdigen, zerstreuten Gelehrten, der den Wechselfällen des Lebens, ja den einfachsten Erfordernissen des Alltags so völlig hilflos gegenübersteht. Er würde sicherlich, wenn sie ihm fehlte, einfach vor Hunger sterben. Eins nur möchte ich wissen: ob seine erste Frau ebenso für ihn dagewesen ist? Tante Laura sagt »ja«, doch ich kann mir das gar nicht vorstellen. Wie machte er's nur, wenn Frau Lichtenau, die erste, krank war, wenn z. B. ein Kindlein kam, und sie hatte doch deren neun! Vielleicht legte er sich dann aus lauter Sympathie auch ins Bett, wie die Reisenden es als eine noch heute bei gewissen wilden Völkern herrschende Sitte zu berichten wissen. Und wie mag er nur in seiner Witwerzeit gelebt haben?

Doch genug von dem, was mich nichts angeht. Die traurige Tatsache bleibt bestehen, daß Lichtenaus nach den Azoren reisen!

»Wir werden uns in St. Marie niederlassen«, sagte die Tante mit munterer Stimme, geradeso einfach, als ob sie die Absicht mitteilte, ihr großes Schlafzimmer gegen ein anderes im Hause zu vertauschen. »St. Marie ist die südlichste und eine der kleinsten Inseln von der ganzen Gruppe. Das Klima ist gesund, und Villa do Porto, die Hauptstadt, bietet, wie man mir sagt, allerlei Annehmlichkeiten. Ich denke, wir werden dort wohl aufgehoben sein.«

Ach ja! Ich will's schon glauben, und doch, wie ist mir's so schwer! Welch eine Sorge, ohne Tante Laura durch alles das zu gehen, was mir zum Herbst bevorsteht! Es wird viel schrecklicher sein, wenn sie nicht bei mir ist!

Aber sie erlaubte mir nicht, mich selbst zu bemitleiden. Sie, die alles von der guten Seite nimmt, will mir helfen, es geradeso zu machen.

Sie gab mir einen ihrer besten mütterlichen Küsse und sagte beim Fortgehen weiter nichts als: »Behüt dich Gott, Ninette.«

*

Am 12. Juli

Sie sind gestern abgereist.

Doch zuvor bereitete mir Tante Laura noch eine große Freude. Man brachte mir am Abend in ihrem Namen eine ganz allerliebste Wiege. Der Grund ist blaßroter Atlas und darüber weiße Klöppelspitzen. Ich habe nie etwas so Entzückendes gesehen.

Wir beide, André und ich, können uns auch gar nicht satt daran sehen. Wir saßen lange traulich plaudernd davor und sprachen von der Zukunft, von dem zu erwartenden Schatze und noch von vielen anderen Sachen. Wir werden also drei sein! Drei! Wie schön wird's sein!

*

Am 17. Juli

Was ich an meinem Mann so sehr liebe – oh, es ist nicht bloß das! – aber es ist doch eine von den vielen, vielen Seiten, die ich an ihm bewundere und liebe, nämlich die, daß er an allem, was mich angeht, so herzlichen Anteil nimmt. Nichts ist ihm gleichgültig; um alles, auch um die geringste Kleinigkeit kümmert er sich. So verstehe ich nach und nach, was wirkliches Eins-sein ist, und wahrlich, André ist dabei mein bester Lehrer. Wie hätte ich das alles allein lernen können? – und gelernt muß es doch werden, wie alles andere auch.

Dafür erbittet er meine Teilnahme an seinem eigenen Werke. Er spricht oft davon zu mir. Er versteht es, mich für viele seiner Kranken, für ihre Leiden, für alles, was sie angeht, zu interessieren.

»Einige meiner Kollegen verfahren anders«, sagte er mir neulich, »sie halten soviel als möglich alles, was sich auf ihren Beruf bezieht, von ihrer Lebensgefährtin fern. Sie glauben recht zu tun, sie mögen ihre ernsten, achtenswerten Gründe haben, – und doch! Ich meine, daß sie im Irrtum sind. Unsere Ehegenossin soll unser Leben teilen, soll nach dem Plan des Schöpfers unsere ebenbürtige Gehilfin sein. Nimm dich in acht, »Adam«, wenn du aus armseligem Kleinglauben oder oft auch aus Egoismus, weil du deine Frau nur für dich haben willst, ihr Leben einengst, dann erkältest du ihr Herz! Und du selber wirst in den künftigen Jahren darunter zu leiden haben. Nein, nein! Es gibt kein Geschäft, keinen Beruf, in welchem eine rechte Frau nicht ihrem Manne nützlich sein könnte! Überall und sogar da, wo es sich ums Amtsgeheimnis handelt, bedarf er, bei aller Achtung vor demselben, ihrer Hilfe. Wenn er's nur recht anzufangen weiß, kann sie ihm zur unschätzbarsten Helferin werden.«

Ich bin überzeugt, daß André recht hat. Ich würde eine Ehe mit geteilten Interessen nicht verstehen. Das wäre tausendmal schlimmer als Gütertrennung. Und doch gibt's solche Paare!

*

Am 26. Juli

Es ist heute Vollmond. Die Nächte sind unaussprechlich schön und heiter, drum bleiben wir auch, so lange es nur möglich ist, draußen unter dem weiten, leuchtenden Himmel. Petronia ist empört darüber.

Sie behauptet, daß es mir schade, daß ich lieber zwölf Stunden hintereinander, von 9 Uhr abends bis 9 Uhr morgens, schlafen solle.

»Das gibt starke Kinder«, sagt sie, und dabei betont sie jede Silbe mit allem Nachdruck. »Und wie soll denn sonst die gnädige Frau, die so blutjung und zart ist, einen kräftigen Buben haben?«

Ich muß lachen, und dann wird sie beinahe böse. »Wenn man selber noch so ein Kind ist«, brummte sie vor sich hin. Dann ist sie fortgelaufen, und ich konnte nicht alles hören, was sie sagte.

Aber ihre üble Laune dauerte nicht lange, denn heute abend, als wir ausgegangen waren, sprang sie mir nach und hüllte mich, nach ihrer gewohnten Art, warm ein. Und als ich, meine Hand auf die ihre legend, ganz leise zu ihr sagte: »Petronia, könnte das, was mich so glücklich macht, mir Schaden bringen?« da preßte sie meine Finger gegen ihre alten Lippen und murmelte etwas, was ich nicht ganz genau verstand. Es war etwa so: »Geht, geht, meine Täubchen; man freut sich ja so über euer Glück! Gott wahre euch eure Liebe!«

Wir haben also unsere Spaziergänge noch nicht aufgegeben, und wir finden alle beide jeden Abend reicheren Genuß daran.

Wir wandeln langsam einen Steig entlang, der sich unter dichtbelaubten Eichen an einem blumenumblühten Bache hinzieht. Wir haben ihn den Liebespfad getauft. Mein Mann legt seinen Arm um mich und Hand in Hand, so geht sich's schön!

Und in dieser von den weichen Strahlen des weißen Mondlichts so wunderbar verklärten Natur reden wir ganz leise miteinander. Es ist unsere Stunde der innigsten, der vollkommensten Gemeinschaft. Wir gehen ineinander auf. In solchen köstlichen Augenblicken tun sich manchmal blitzartig unbekannte Welten voll unerschöpflichen Reichtums, für die keine menschliche Sprache zureicht, vor mir auf. Mein Herz erweitert sich zu vollerem Leben. Ja, ich fühle es, wir müssen für das Gute, für das Beste, für das Höchste, für das, was bis ins Jenseits dauert, auf der Erde sein. Das übrige ist kaum der Mühe wert. Oh, könnte ich meine Seele immer wieder von allem Flüchtigen und Bedeutungslosen freimachen, und könnte ich mit denen, die Gott mir gegeben, und für die er mich zum Segen werden lassen möchte, nach oben, immerzu nach oben steigen!

*

Am 16. August

Heut regnet's stark. Ich konnte darum meinen André nicht, wie gewöhnlich, ein kleines Stück begleiten. So folgte ich ihm von der Schwelle aus mit den Augen, wie er unter seinem braunen Regenschirm eilig die lange Allee hinabging.

Wie hält er sich so gerade, wie ist er doch so groß, so schön, so voll Kraft, mein lieber, vielgeliebter Mann!

Mit jedem Schritt entfernte er sich von mir und mein ganzes Herz eilte ihm nach. Am liebsten hätte ich ihn zurückgerufen, um ihm zu sagen: »Bleib bei mir.« Als er am Ende des Weges war, schaute er sich um, er hatte meinen Blick gefühlt. Er lächelte; mit seiner linken Hand warf er mir einen Kuß zu und verschwand dann hinter der Hecke.

Man darf nicht Egoist sein, sagte ich mir und schloß die große Tür. Seine Kranken erwarteten ihn gewiß mit Spannung, und es verlangt sie, ihn zu sehen. Die armen Leute! André tröstet sie, er erleichtert ihre Last, und er macht ihnen Mut, soviel er kann. Gewiß, es wäre nicht recht von mir, sie um die Stunden, die er ihnen schenkt, zu beneiden. Und doch, ich weiß nicht, wie's kommt, es ist stärker als ich, ich leide, wenn er fortgeht, ich bedarf seiner, wenn er fern ist.

Und auch er selber, ich hab's oft genug bemerkt, hält darauf, mich bei sich zu haben.

Kaum ist er eingetreten, so höre ich schon, wenn ich ihm nicht gleich entgegenspringe, seine Stimme rufen: »Ninette!« Und diese Abkürzung, dieser einfache Kosename hat in seinem Munde einen unbeschreiblich zärtlichen Klang. So hat noch niemals jemand meinen Namen ausgesprochen wie mein André.

Gewiß, wir liebten uns sehr, als wir uns verheirateten. Jetzt aber ist es noch etwas ganz anderes. Dazu sagt André, und ich fühle es auch, daß unsere süße Liebe immer größer wird.

»Ja, wenn sie echt ist, muß sie stetig wachsen«, hat er mir noch gestern versichert; »wenn sie abnimmt, ist sie nicht echt gewesen. Wir wollen die unsrige auf das feste und aufrichtige Streben gründen, nicht für uns und die irdischen Vergänglichkeiten zu leben, sondern den Willen dessen, der unser höchstes Ziel ist, zu erfüllen.«

*

Am 28. August

André wurde zur Beratung über einen sehr schweren Krankheitsfall in eine weitentfernte Stadt gerufen. Er ist zum ersten Male so lange fortgeblieben. Als er heimkam, hatte ich die ganze Nacht kaum geschlafen. Da hat er mich getadelt, fast ein ganz klein wenig gescholten. Ich mußte ihm versprechen, ein andermal verständiger zu sein, doch hoffe ich, wird es nicht oft geschehen, daß er für 36 tödlich lange Stunden wegreist. Ach, das Haus ist so öde, wenn er nicht da ist! Ich beschäftige mich, soviel ich kann. Ich nähe vor allem kleine Kleidchen für unser liebes Kind und auch für mehrere andere Mütter, die ich kennen lernte und die für ihre werdenden Kindlein nicht das Nötige haben. Oh, diese armen Frauen, wie sie leiden, wie sie sich hinschleppen, wie sie dazu noch durch übermäßige Arbeit erschöpft sind, ohne daß jemand ihnen Erleichterung und Erholung verschafft! Wo nehmen sie nur die Kraft her? Ich verstehe das nicht. Und wie viele gibt es so wie sie! Während ich... Ach, wieviel Herzeleid ist doch in der Welt! Und warum darf ich glücklicher sein als die andern? Neulich las ich, ich weiß nicht mehr in welchem Buche: »Wenn euer Lebensweg vom Glück beschienen, wirkt, daß der Weg der andern ebenso erleuchtet werde!«

Ein schöner und beherzigenswerter Gedanke!

Und um ihn gleich auszuführen, will ich damit anfangen, nicht mehr zu murren, wenn André verreisen muß; denn überdies, wenn ich in wahrer Liebe zu ihm stehe, so ist er ja bei mir, selbst wenn er abwesend ist.

Von seiner kleinen Reise hat er mir auch noch etwas mitgebracht. »Ich denke, es wird dir gefallen«, sagte er, und noch im Reisemantel, packte er es sorgfältig aus. Dann legte er mir einen großen, schönen, bunten Wandspruch, von einem namhaften Künstler gemalt, mit herrlichen, ganz naturgetreuen Blumenstücken, auf den Schoß. Und zwischen all den Lilien, den Vergißmeinnicht, den zarten Farnkräutern und den glänzenden Heckenrosen stand in goldnen Buchstaben das Wort der Heiligen Schrift: »Denen, die Gott lieben, müssen alle Dinge zum Besten dienen.«

»Hänge ihn über dein Bett, damit du ihn immer siehst«, sagte er und küßte mich. Und als ich ihm, entzückt über das schöne Geschenk, dankte, fuhr er fort: »Für uns, die wir Gottes Kinder sind, muß dieser Spruch der Leitstern sein, nach dem sich unser ganzes Leben richtet!«

Ich gab ihm die Hand, und wir standen da in unserem großen, weißen Zimmer einen Augenblick lang, ohne ein einziges Wort zu sprechen, Auge in Auge, während unsere Herzen zusammenschlugen. Wir fühlten uns eins, unsere Liebe überwältigte uns.

Was ist doch die Ehe? Das Wunderbarste in der Welt!

*

Am 9. September

Noch sechs oder sieben Wochen höchstens, und dann werde ich, will's Gott, Mutter sein.

Meinen Mann, mein Kind, zwei Schätze soll ich haben! Wenn ich sage: »Mein Mann«, jubelt mein ganzes Herz; wenn ich sagen werde: »Mein Kind«, dann wird seine Freude wohl nicht geringer sein!

Oh, wieviel Glück hienieden! Wie wird's erst im Paradiese sein!

*

Am 14. September

André hat Kopfschmerzen. Er will's nicht zugeben, es ist aber so. Ich habe bemerkt, daß er sich schont, so oft er kann, und daß er sich ausruht, sobald's ihm möglich ist. Es muß also nötig sein. Leider hat er dazu noch einen Kollegen zu vertreten, der nach Schottland in die Ferien gegangen ist.

Ich will hoffen, daß es nichts bedeutet. Armer André.

*

Am 20. September

Heute ist's erstickend heiß. Man weiß buchstäblich nicht, wo man sich hinflüchten soll, um sich nur ein wenig zu erfrischen. Ich zweifle, daß je während des ganzen Sommers das Thermometer einmal so hoch gestiegen ist.

Plötzlich, auf einmal, fällt es tief hinab. Ein wahrer Orkan bricht los, ein fast eisiger Wirbelwind, ein wolkenbruchartiger Regen, der an die Fenster peitscht und der in langen, kleinen Bächen bis in die Mitte der Zimmer dringt. Die Bäume biegen sich ächzend; sie zerbrechen und stürzen. Ziegel fliegen durch die Luft. Es pfeift von allen Seiten, man meint das wütende Geschrei von tausend losgelassenen Dämonen zu vernehmen. Und André ist draußen!

Die Stirne gegen die Scheiben meines Schlafzimmers gedrückt, erwartete ich seine Rückkehr, mein Herz steht fast still, eine unbeschreibliche Bangigkeit macht mich zittern und beben. Ach, wo bleibt er nur so lange!

*

Am 21. September

Er kam erst nach 9 Uhr abends heim. Er lächelte beim Eintritt; er nahm mich wie immer voll Zärtlichkeit in seine Arme. Aber ich merkte, daß er litt und daß er sich aufrecht hielt, nur um mich nicht zu erschrecken. Seine Händen waren kalt und sein Atem fast brennend heiß.

»Oh, André, du bist krank!«

»Krank? Liebes Herzchen, ich hoffe, nein. Ich habe nur da in der rechten Seite einen Stich. Nach einer guten Nacht wird's gewiß weggehen, denke ich. Du wirst mich ja so trefflich pflegen.«

Ich tat mein möglichstes. Aber leider war Petronia nicht da. Ich hatte bloß Susanne, ihre Nichte, die in der Küche und bei Botengängen hilft, bei mir. Nach mehreren Tassen kochenden Kamillentees brachten wir beide ihn eiligst ins warme Bett. Er schlief auch sogleich ein, ohne noch ein Wort mit mir zu sprechen.

Während der Nacht schien mir mehrere Male sein Atem schwer zu gehen. Ich konnte selbst kein Auge schließen und erhob mich jedesmal mit dem Wunsche, ihm Erleichterung zu verschaffen. Er schlief aber stets, darum ließ ich ihn selbstverständlich ruhen.

Heute morgen dauert sein Schlaf noch immer an. Es scheint mir, es müßte ein gutes Zeichen sein. Petronia aber sieht gar nicht zufrieden aus. Sie kam bei Tagesanbruch heim und richtete sich sofort an seinem Bett ein, um ihm alle Minuten Eisumschläge auf die Stirn zu legen. Wir riefen einen Arzt. Aber gerade jetzt ist infolge der Reise des Herrn Lechner nur ein einziger alter Doktor in der Umgegend, zu dem André, wenn ich nicht irre, wenige Beziehungen hat. Ich schicke indessen doch zu ihm, damit er recht schnell kommen möchte. Wenn er sich beeilt, kann er am Nachmittage hier sein.

André schlummert unruhig. Sein Schlag wird von Klagelauten und nervösem Aufschrecken unterbrochen. Ich glaube, daß er sehr leidet. Oh, Herr, heile ihn doch bald, recht bald!

*

Am 22. September

Welch eine angstvolle Nacht!

Der Arzt kam erst heute morgen. Er entschuldigte sich mit seinen vielen Kranken; ich verdenke es ihm aber doch, daß er so lange hat auf sich warten lassen. Er ist ein kleiner Herr in grünlichem Überzieher, mit trokkener Miene und schon grau werdendem Haar. Er guckt einem gerade ins Gesicht über seinen vorn auf der Nase sitzenden, dicken und schweren Kneifer hinweg; bei allem, was man sagt, zwinkert er mit den Augen und antwortet nur mit einem unartikulierten Tone, der nicht aus seinem festgeschlossenen Munde, sondern vielmehr aus seinen Nasenlöchern kommt.

Ich habe ihm, so gut ich's konnte, alles gesagt, was ich beobachtet hatte, seit mein Mann krank ist. Er ließ mich, während ich redete, nicht aus den Augen, sprach selber aber gar nichts, stellte auch nicht eine einzige Frage. Ich zitterte an allen Gliedern und erstickte fast vor Erregung.

Als ich geendet hatte: »hm . . . hm . . .« brach wieder jener unartikulierte Laut, diesmal in wachsender Betonung, wie ein Schlußsatz hervor. Dann folgte er mir den Korridor entlang über die breite, hübsche Eichentreppe, bis oben in unsere Schlafstube.

Oh, wie macht dies große, sonst so heitere, lichte, immer behagliche und von einem so lieben Etwas erfüllte Zimmer heute mit den geschlossenen Läden und der seltsamen Atmosphäre einen ganz anderen, fast unheimlichen Eindruck.

Dr. Maine blieb auf der Schwelle stehen, und endlich hörte ich seine Stimme:

»Machen Sie sofort alles auf«, und dabei wies er auf die Läden. Petronia tat's.

André schlief noch immer. Dr. Maine trat näher. Er beobachtete, beklopfte, drehte ihn um und um und behandelte ihn bei der Untersuchung, als wäre er ein Block von Stein. André ließ alles mit sich machen, ohne im geringsten darauf zu reagieren. Niemand sprach ein Wort. Petronia hielt das Becken mit dem Eiswasser in der Hand, ich stand am Fußende des Bettes . . . Der Arzt untersuchte noch immer.

Endlich taten sich Andrés Augen auf. Er betrachtete uns mit erstauntem, fast etwas verärgertem Blick und antwortete ziemlich klar auf alle Fragen, die ihm Dr. Maine stellte. Darauf streckte er seine Hand nach mir aus, zog mich näher zu sich, schloß die Augen wieder und schlief von neuem ein. Der Arzt sprach leise zu Petronia in kurzen, abgerissenen Sätzen.

Meine Rechte lag noch in Andrés Hand. Mit der Linken dem Arzt ein Zeichen gebend, rief ich leise und flehentlich: »Herr Doktor, ich bitte Sie, sagen Sie mir, wie's steht!«

Er drehte sich halb auf seinem Absatz um: »Ich komme morgen beizeiten wieder, gnädige Frau. Wir müssen warten.« Dann seine Drehung endend, ging er schnell aus dem Zimmer.

Zwei Minuten später klang das Geräusch seines in schnellem Trab fortrollenden Gefährtes zu uns herauf. Es wurde immer schwächer, es hörte schließlich auf, wir waren ganz allein!

*

Am 23. September

Es ist eine Gehirnentzündung, und es geht heute schlechter. Dr. Maine gibt's zwar nicht zu, aber ich bin davon überzeugt. Denn wenn's besser ginge, würde Petronia nicht so düster aussehen, und ihre Stimme würde nicht so zittern, auch wären ihre Augen nicht so mitleidsvoll, so oft sie leise zu mir spricht.

Sie hat neben Andrés Bett ein großes, breites Sofa geschoben und mich darauf in einen Haufen von Kissen, einen wahren Turmbau, eingebettet, so daß ich ebenso hoch wie mein Mann und ganz nahe bei ihm sein kann. Und sie pflegt uns beide mit der gleichen Zärtlichkeit.

»Man würde sich ein Gewissen daraus machen, euch beide, ihr Lieben, eher voneinander zu trennen, als es nötig ist«, murmelte sie gestern abend, indem sie uns mit tiefem, mitleidsvollem Blick ansah und dabei ohne Unterlaß die Eisumschläge wechselte.

Und wenn ich hundert Jahre alt würde – ach, wenn André sterben sollte, hoffe ich nicht mehr hundert Tage zu leben – so würde ich sie noch immer vor mir sehen, wie sie dastand, mit ihrem über die Brust gekreuzten Schal, mit ihrem großen, goldenen Kreuz, dem Zeichen ihrer unentwegten Treue, mit ihren treuen Händen, die stumm fortwährend dieselbe, zuletzt ganz mechanisch gewordene Bewegung machen.

Und auf seinen Kissen schläft mein André einen schweren, unruhigen, fieberhaften Schlaf. Unterdessen wache ich vom Morgen bis zum Abend, vom Abend bis zum Morgen und spähe auf seinem Angesicht nach der Besserung, die nicht kommen will, und warte auf ein Zeichen, auf den leisesten Hoffnungsschimmer!

Oh, Gott, was willst du von mir! Ich begreife es nicht, welch unerklärliche Prüfung!

*

Am 26. September

Soeben findet eine Beratung statt. Drei Herren in schwarz haben sich mit Dr. Maine im Nebenzimmer eingeschlossen.

Sie sehen alle, einer immer gewichtiger, immer feierlicher als der andere aus. Sie machen mir Angst.

Durch die offenstehende Fensteröffnung dringt, wenn auch gedämpft, das Geräusch ihrer Stimmen zu mir. Ich beuge mich hinüber, ich horche, ich möchte gerne einige Worte, einen Hoffnungsstrahl erhaschen. Umsonst, sie reden leise.

Oh, was werden sie mir zu sagen haben! Werden sie mich aus dieser furchtbaren Ungewißheit befreien? Warum macht einem der Arzt Hoffnung, oder warum drückt er sich in nichtssagenden, unbestimmten Worten aus, wenn alles laut davon schreit, daß der Tod nahe ist und daß in einigen Tagen, vielleicht in einigen Stunden, der Herzgeliebte von uns geht? Es wäre doch viel erbarmungsreicher, uns darauf vorzubereiten; man würde sicher weniger leiden ...

Halt, ... man hört ihre Schritte auf der Treppe.

*

Am selben Tage, etwas später.

Sie haben wirklich nichts gesagt. Nur einige zweideutige Phrasen. Es sah aus, als hätten sie's sehr eilig, fortzukommen. Nur der älteste von ihnen, ein schöner Greis mit weißen Haaren, kam für einen Augenblick näher, und, statt sich wie seine Kollegen steif und kurz zu verbeugen, faßte er meine beiden Hände mit einem so warmen, herzlichen Druck, daß mein erloschenes Herz wieder belebt wurde.

»Armes kleines Mädchen«, sprach er langsam.

Sein Ton und sein Blick hatten etwas Väterliches. Ach, ach! ich habe meinen Vater nie gekannt. Auch meine Mutter nicht. Ich habe niemanden als meine Tante je gehabt – und die ist jetzt – so fern! Und ich muß ganz allein sein in diesen Stunden voller Qual und Grauen und bin doch noch so jung, so jung!

»Armes kleines Mädchen«, sagte der Arzt, indem er seine rechte Hand sanft auf meine Haare legte.

Ich habe nicht mehr die Kraft gehabt, sie aufzustecken, sie sind heute einfach in zwei großen Flechten tief hinabgefallen. Es ist mir jetzt gleich, mag ich auch wie ein Kind aussehen. Alle Sorge um meine Würde ist dahin, während noch kaum vor einem Monate diese nichtigen Dinge solche Bedeutung für mich hatten! Ist's nicht kaum einen Monat, kaum eine Woche her, daß ich so glücklich, so unaussprechlich glücklich, so reich und selig war? Oh, es ist zu schrecklich!

Der alte Doktor blieb vor mir stehen. Er versuchte augenscheinlich, mir etwas zu sagen, doch er fand kein Wort. Was für einen Trost hätte er mir auch bieten können! Und doch, sein stummes Mitleid tat mir wohl, obgleich es mich in dem bestärkte, was ich schon wußte, – daß André verloren ist!

Ich fiel auf meine Knie an seinem Bett nieder und schluchzte voll Verzweiflung. Mein Herz brach!

»Laßt sie nur weinen«, sprach der alte, gute Arzt zu Petronia, die auf mich zusprang, »vielleicht kann das *sie* retten.«

*

Am 28. September, mittags.

Er schläft, schläft immerzu. Aber von Zeit zu Zeit zuckt er, ein Krampf packt ihn. Es ist, als ginge ein scheußliches Gespenst durch seinen leidenden Körper. Welch ein furchtbarer Anblick! Er ist übrigens ganz entstellt. Ein Auge ist seit dem letzten Anfall weit offen geblieben, starr und glasig. Das andere ist geschlossen.

Petronia und Dr. Maine wollten mich jetzt von ihm wegbringen. Sie flehten mich an, sie befahlen. Aber ich empörte mich dagegen. Kein Mensch, nein, niemand in der Welt soll mich von meinem Vielgeliebten, so lange er noch atmet, trennen! Und dann, er könnte doch noch einmal aufwachen und mich mit seinen Augen suchen, und wenn ich dann nicht da wäre? Wie entsetzlich!

Oh! Noch ein letzter Blick, vielleicht ein letztes Lächeln? Ob Gott mir dieses Geschenk noch gewähren wird?

Wie bin ich so demütig geworden, ich, die ich schon soviel zu leiden glaubte, wenn er auf einige Stunden von mir ging. Ach, ich kannte damals noch nicht des Schmerzes Märtyrertum! Aber heute . . . heruntergekommen bis zum Betteln um ein einziges Aufleuchten von Verständnis auf diesen lieben Zügen, die mein letzter mir gebliebener Reichtum sind!

*

Am Abend!

Ich schrieb diese Zeilen, dicht neben ihm, auf meine Kissen gestützt. Plötzlich mußte ich meinen Kopf erheben, denn er hatte sich bewegt und dann geseufzt. Es war ein Ton so schmerzlich, so kläglich, es war wie der

Schrei eines zu Tode getroffenen Tieres. Seine armen Hände waren ausgestreckt, sie fuhren in die Luft, als ob sie Hilfe suchten, als ob sie in dieser Todesstunde, wo man ins Unbekannte hinübergeht, nach einer letzten Liebkosung verlangten ...

Ich faßte sie, ich bedeckte sie mit meinen Küssen, mit meinen Tränen. »Oh, mein unendlich süßes Lieb, oh, Einziggeliebter, hörst du mich noch? Mein Mann, mein André! Ich bin hier, ich bin bei dir! Oh, ich flehe dich an, antworte mir, sprich nur ein Wort, ein einziges Wort, oh, du heißgeliebte Liebe!«

Und da – Gott, wie preise ich dich dafür! –, da leuchtete das heiß erflehte Lächeln auf seinen Lippen! Wie blaß, wie bleich, dies letzte Lächeln! So kurz, so flüchtig. Und doch so süß, so innig. Und zum allerletzten Male hörte ich meinen Namen zärtlich nennen, wie nur André es verstand.

Mit einer mühevollen Anstrengung erhob er meine Hand in der seinigen und zeigte nach dem Himmel ... »Droben ... wiedersehen ...«

Das war alles, alles, was ich erlangen konnte. Nur einen Blick noch, und er fiel zurück, von seinem furchtbaren Leiden neu gepackt.

Und nun, Stunde auf Stunde, kommt das Ende näher ... Der Tod tritt hervor, so drohend, so gewaltig! ...

*

Am 30. September

André ist nicht mehr. Als die Sonne aufging, hauchte er friedevoll den letzten Seufzer aus. Er ist schlafend fortgegangen.

*

Am 10. Oktober

Nein, kann man wirklich so viel leiden!

Es sind zehn Tage her, seit er von mir ging, zehn furchtbare Tage, seit ich von der Qual der bittersten Verzweiflung gefoltert werde.

Ohne André, ohne ihn hinfort leben, wie kann ich das!

Alle meine Gebete gehen dahin, daß Gott uns bald wieder vereinigen wolle, und daß wir das kommende Kindlein mit hinaufnehmen dürfen.

Zehn Tage – arme Witwe! Ich war zuerst wie wahnsinnig; ich habe getobt und fast gelästert. Jetzt bin ich ohne Leben, zerrissen, vernichtet ...

Es ist heute eine Woche, seit ich ihn nicht mehr sah, seit sie ihn mir fortgetragen haben. Das ganze Land begleitete ihn zu seiner letzten Ruhestätte. Sie trauern alle, sie beweinen ihn alle; er werde ihnen so fehlen, sagen sie. Aber könnte jemand unter ihnen auch nur den millionsten Teil ermessen von dem, was ich verlor, was ich mit meinem Herzen, meiner Seele, meinem ganzen Wesen unaussprechlich liebte? – Oh! Weh mir! ... Weh mir!

*

Am 13. Oktober

Es regnet schon seit vielen Tagen, der Wind bläst fast wie ein Orkan. Ich habe es lieber, als wenn die Sonne scheint. Denn dann ist's mir, als ob selbst die Natur Mitleid mit mir hätte und mein Elend teilte.

Ich verstehe jetzt, warum man den Tod den König der Schrecken nennt. In solchen Tagen, wie ich sie eben durchleben mußte, marterte mich neben allem Leide noch etwas anderes. Es war eine unsinnige, aber überwältigende Angst, die auf meinen Geist eindrang. In solchen Stunden kennt man sich nicht mehr. Man wähnt sich zu verlieren, man bebt, man schaudert, man zittert über einem gähnenden Abgrund. Es ist ein grausiges Nichts! ...

Ich lief heute morgen wir wirr in meinem Zimmer hin und her. Da fielen plötzlich meine Augen, von magischer Gewalt gezogen, auf das letzte Geschenk Andrés.

Sie standen da vor mir, die großen, goldnen, von Blumen umrahmten, mich fast blendenden Buchstaben: »Denen, die Gott lieben, müssen alle Dinge zum Besten dienen.«

Ich fühlte mich gepackt! Das ist die Botschaft, die mir mein vielgeliebter Mann von jenseits des Grabes sendet, die er unter vielen anderen gerade für mich gewählt hat, und die ich, wie er mir sagte: »zum Leitstern meines Lebens machen sollte«. Er muß doch selbst an dieses Bibelwort geglaubt haben!

Es duchzuckt mich mit Gewalt.

Ja, er glaubte dran, ich erinnere mich jetzt, ich weiß es, ich habe es oft gesehen; sein Leben, auch sein Tod sind mir Beweis dafür.

Aber ich, ich kann's nicht glauben, nein, ich kann's nicht glauben. Meinen Gatten verlieren, das sollte mir zum Besten dienen? Unseliger Irrtum! André machte mich ja besser, ich hatte ihn nötig. War er denn nicht mein Führer, mein Vorbild, mein Leiter? Hatte er denn nicht begonnen, mein ganzes Leben umzuwandeln? Und nun sollte das gut für mich sein, ohne ihn zu wandern? Und gut auch für das Kindlein, dessen Ankunft nahe bevorsteht und das schon vor der Geburt ein armes Waislein ist? Ich verstehe das nicht, ich kann's nicht glauben.

Warum, oh! warum? . . .

Aber ich habe heute abend zum ersten Mal seit jenen Tagen gebetet. Andrés Abschiedswort ist immer bei mir, es verfolgt mich. Ich sehe seine letzte Handbewegung vor mir, ich höre seine brechende Stimme, die mich aufs Wiedersehen im Himmel hinwies.

Je mehr ich selbst nach oben steige, desto sicherer werde ich ihn finden, das weiß ich.

O Gott, ich schreie zu dir, hilf mir! Laß mich nicht versinken in Weiten, Bodenlosen, im Abgrund der Verzweiflung!

*

Am 14. Oktober

In meinem Ankleidezimmer, das während Andrés Krankheit verschlossen blieb, fand ich an einem Haken die Kleider, welche er am Tage vor seinem letzten Ausgange trug.

Man hatte, scheint es, bei jenem schweren Gewitter das Fenster geschlossen, und niemand hatte mehr daran gedacht, es wieder zu öffnen.

Als ich den Fuß auf die Schwelle setzte, traf mich ein leichter Geruch, der mir in Mark und Bein ging. Es war Andrés Duft, es war die ihm eigentümliche Atmosphäre. All mein Blut drang mir zum Herzen.

Mir ward, als fühlte ich meines Mannes Nähe, als würde er mir zurückgegeben, wenn auch nur, ach, für einen zu kurzen Augenblick. Ich glaubte ihn zu fassen, ich atmete ihn!

Mit einem unaussprechlichen Entzücken, unter Tränen, küßte ich, sie fest an mich drückend, die Gewebe, die ihn einst umhüllten.

Wie lange ich in jenem Zimmer blieb, auf dem Boden kauernd wie ein Kind, das ich ja auch noch bin, und diese letzten Reste an mich preßte – ich weiß es nicht! Meine langen Zöpfe schleiften auf der Erde. Ich war fast glücklich, und doch flossen meine Tränen unaufhörlich heiß und immer heißer über mein Trauerkleid, über meine abgemagerten Hände, an denen die Trauringe dicht nebeneinander stecken und wo sie gar nicht halten wollen, ist doch der meinige sogar zu weit für meinen Finger, so sehr hat mich der Schmerz verzehrt.

Ich werde alle Tage wieder hierherkommen, um ein Teil von André zu suchen. Aber ach! ich weiß es wohl, ich werde ihn nicht mehr lange finden. Bald, wie bald werden auch seine Kleider die letzte Erinnerung an ihn verloren haben – und ich, ich habe dann gar nichts mehr!

*

Am 18. Oktober

Petronia mit ihren eingefallenen Augen, tiefschwarz gekleidet, ist doch schon wieder tätig und geschäftig. Von oben bis unten wird im Hause alles umgekehrt. Doch merkt man ganz gut, wie sie sich müht, es so leise wie nur möglich zu tun.

Matt, wie ich jetzt bin, hat mich all dies rätselhafte Wirtschaften kaum beunruhigt, obwohl es mir sonderbar vorkam. Den Schlüssel dafür fand ich endlich heute, als Petronia plötzlich dicht an meinem Sofa auftauchte und mich fragte: »Welches Zimmer soll ich denn für die gnädige Frau bereiten?«

Ich hob den Kopf, um sie besser anzusehen, ich wußte nicht recht, ob ich sie verstanden hatte.

»Wozu soll denn ein Zimmer bereitet werden, Petronia?«

»Aber, gnädige Frau, Sie müssen doch bequem gebettet sein für ... das Kleine, das bald kommen wird. Das blaue Zimmer ginge vielleicht nicht schlecht ...«

»Oh, Petronia«, rief ich, indem ich sie heute zum ersten Male duzte, wie es sonst André immer tat, »du willst mich doch nicht von hier fortschikken? Warum soll ich in ein anderes Zimmer? Nein, nein, hier in diesem und nirgend anders soll unser Kind geboren werden. Ich werde nichts ändern, ich will es nicht!«

»Nun, um so besser.« Petronia strahlte. »Ach, bitte, gnädige Frau, reden Sie doch immer so vertraulich mit mir. Die gnädige Frau gehört ja jetzt auch zu unserer Familie. Nun ja, ich will alles hier an seinem Platze lassen. Ich will gar nichts ändern. Wie bin ich so froh. Ich hatte mir bloß in den Kopf gesetzt, die gnädige Frau könnte sich fürchten, möchte Angst haben, weil der liebe Herr Doktor hier ... Aber meine liebe gnädige Frau hat Mut, ja, sie ist eine gar Tapfere, trotz ihrer Jugend.«

Was? Furcht sollte ich vor André haben, Furcht vor dem Orte, wo er gestorben ist? Wahrlich, nein, unmöglich, nichts, was von ihm ist, wird mir jemals Furcht einflößen. Seine sterbliche Hülle, alles, was an ihn erinnert, ist mir teuer. Und wenn in einer meiner langen, einsamen, so bitter traurigen Nächte sein Schatten wiederkäme – ich würde nicht einen Augenblick erzittern. Könnte mein André mir denn anderes als Liebes tun? Übrigens ist er ja gar nicht fern, ich fühle ihn ganz dicht bei mir. Er ist noch hier, zumal seit ich mich bestrebe, die Prüfung, so wie er es wünschte, hinzunehmen und zu glauben, daß sie zu meinem Besten diene . . .

Oh! wie ist das schwer, wie ist's mir noch unmöglich . . . aber, ich versuche!

*

Am 24. Oktober

Ich bin hinaus in den Garten gegangen, ich bin durch die Gänge gewandelt, wo einige blaßfarbige Chrysanthemen blühen. Der Herbst ist da. Die Wege sind bedeckt mit totem Laub. Die Schwalben sind schon lange fort. Alles ist öde, verlassen, traurig, farblos, eingeschlafen. Der Winter naht mit Riesenschritten.

Auch in meiner Seele ist es Winter geworden, das Glück ist zerstört und zerbrochen, wie der Frost die Blumen knickt.

Bedaure ich es, soviel gelitten zu haben? Würde ich es vorziehen, das nicht erlebt zu haben, was ich in den vergangenen Monaten durchlebte? Ruth schrieb mir neulich, wie leid ich ihr täte, und fügte hinzu: »Du hast in einem Alter, wo wir anderen erst zu leben anfangen, das Deinige schon beendet, arme Ninette. Es wäre besser gewesen, Du wärst mit uns ein junges Mädchen geblieben.«

Als ich diesen Brief zu Ende gelesen, ging ich zum Kamin, wo gerade das erste Herbstfeuer angezündet worden war, und warf das Papier in die Flammen. Es verbrannte, und seine Asche wand sich so, daß ich auf dem grauen Grunde fast noch einmal die Worte dieses Herzens lesen konnte, das noch nicht gelitten hat und das in seiner Unwissenheit sich so gewaltig täuscht.

In der Tiefe meiner Seele aber klang unaufhörlich ein Reim wieder. Er kommt aus jenem alten Liede, das wir so oft abends im Institut sangen, wenn wir auf der Gartenbank saßen und in sorgloser, jugendlicher Fröhlichkeit unsere Stimmen erklingen ließen:

»Besser, daß das Herz dir bricht
Von dem Kuß der Rose,
Als du kennst die Liebe nicht
Und stirbst liebelose.«

Wie wenig ahnte ich damals, daß ich selber eines Tages die Wahrheit dieser Worte verwirklichen sollte.

Und einmal wird der Frühling wiederkommen. Und die Vögel und die Sonnenstrahlen und die Rosen werden wieder auferstehen. Sie brauchten den Winter, damit sie um so schöner, leuchtender und bezaubernder würden.

Trotz meiner Trauer, trotz all meines Leids geht alles seinen Gang wie zuvor. Die Sonne geht auf und unter, nichts ist anders geworden. Nur ich, ich weine um mein verlorenes Glück. Alle andern tun, als wäre nichts geschehen. Man schwatzt, man lacht, man kauft, man ißt, die Welt hört drum nicht auf, weil André starb. Das dünkt mich so grausam und so unbegreiflich.

*

Am 25. Oktober

Noch einmal versuchte ich vorhin, hinaus in die frische Luft zu gehen. Ich ersticke drin im Hause.

Aber ein plötzlicher, scharfer, reißender Schmerz hat mich gepackt. Meine Zähne klappern. Ich mußte mich mit beiden Händen und mit meiner ganzen Kraft an dem Kirschbaum in der Mitte des Gartens festhalten, damit ich nur nicht umfiel. Und dann schleppte ich mich, so gut ich konnte, wieder in mein Zimmer zurück.

Wie ist dieser große Raum doch auf einmal so gänzlich umgewandelt, so viele nette, neue Sachen sind darin eingezogen! Vor allem Tante Lauras Wiege, vor der wir eines Abends so begeistert Hand in Hand gestanden haben. Wenn sie das wüßte, Tante Laura! Aber sie weiß es nicht.

Und André, ach, wie würde er traurig sein, wenn er mich so leiden sähe, er, der mir jeden, auch den geringsten Schmerz zu ersparen suchte? Ach, ich bin nun ganz allein, ich muß sie allein ertragen, diese allerhöchste Not, die es im Leben einer Frau geben kann . . .

Gott, gib mir Kraft und Mut! O Gott, verlaß mich nicht!

*

Am 10. November

Ich bin nicht mehr aus meinem Zimmer gekommen. Einige Stunden, nachdem ich obige Zeilen geschrieben hatte, hielt Andrés Tochter ihren Einzug in diese Welt.

Ich hielt noch die Feder in meiner Hand, als plötzlich ein neuer furchtbarer Schmerz über mich kam, so daß ich laut und bestürzt nach Petronia schrie. Sie lief ganz außer Atem herbei, ihre Haube saß schief, sie hatte gerade noch Zeit, mich in ihren Armen aufzufangen, während eine Unmenge von ermutigenden, tröstenden, aufrichtenden Worten über ihre Lippen flossen.

Von dem, was nun folgte, von den qualvollen Stunden, in denen man zu sterben meint, will ich nicht sprechen, am liebsten vergäße ich sie ... Doch fühlte ich die ganze Zeit Andrés Gegenwart mir nahe und Gottes Schutz bei mir.

Und als das Kind da war und in meinen Armen lag – oh, wer könnte den Strom von Dankbarkeit beschreiben, der durch meine Seele brauste. Es kam von André zu mir, dies kleine Mädchen, er sandte es mir von jenseits des Grabes, als süßeste von allen Botschaften, als herrlichstes Unterpfand seiner treuen Gattenliebe.

»Laß uns einen Augenblick allein«, bat ich Petronia flehentlich.

Und während ich das kleine, rote Köpfchen ganz nahe an mich legte, mit strömenden Tränen es benetzend und so mit meinem Schmerze taufend, fühlte ich, wie die Bitterkeit und die Empörung, die bisher in mir gegrollt hatten, jetzt von den Fluten einer ganz neuen, unaussprechlichen Zärtlichkeit übermocht, langsam dahinschwanden.

*

Am 16. November

Ich bin noch tief im Bett. Petronia will es so, doch soeben verkündet sie, daß mir von morgen ab einige Stunden im Lehnstuhl erlaubt sein werden. Es faßt mich tiefe Wehmut bei dem Gedanken, dieses liebe, von Petronia mit soviel rührender Fürsorge bereitete Nest zu verlassen und das gewöhnliche Leben wieder zu beginnen.

Bin ich denn eigentlich glücklich gewesen in den vergangenen drei Wochen? Ach nein. Weit entfernt davon. Im Gegenteil, je mehr die Zeit vorwärts schreitet, desto größer wird die Leere, desto mehr fehlt mir mein Mann, desto mehr bedarf ich seiner.

Wenn man Witwe ist, so tröstet man sich nicht mehr . . . Es ist alles anders geworden. Das einmal besessene Glück läßt sich niemals vergessen. Man dürstet danach bis zum Ende seines Lebens, bis man selber stirbt.

Doch nun bin ich ergeben, sogar still ergeben. Ich bemühe mich, von Tag zu Tag besser in Gottes meines Herrn Schule vorwärts zu kommen. Und Andrés Tochter hat mir dabei sehr viel geholfen.

Sie hat fast noch gar nicht ihre kleine, rosarote Wiege bewohnt. Vom Morgen bis zum Abend und selbst in der Nacht ist sie dicht neben mir in meinem Bett gewesen. Petronia willigte zuletzt ein, obwohl es gegen alle ihre Grundsätze und gegen allen guten Gebrauch wäre, sagte sie. Pflichtschuldigen Dankes voll für solche gütige Erlaubnis erfreue ich mich ungeheuer an meinem Kindlein und werde niemals müde, es anzuschauen. In diesem Augenblicke schläft es mit geschlossenen Händchen, zieht in der komischsten Weise seine kleinen, kaum bemerkbaren Augenbrauen hoch und bringt die krebsrote Haut der Stirn in unzählig viele Falten. Dann reckt es sich und gähnt und niest, wie ein Erwachsener. Ich hatte mir nie vorgestellt, daß diese kleinen Wesen uns so gleichen. Ich komme aus dem Erstaunen nicht heraus.

Jetzt eben, zum ersten Mal seit meiner Trauer, habe ich laut gelacht. Wie mir dies Lachen sonderbar klang! Ich konnte gar nicht glauben, daß es von mir käme. Die kleine Andréa war die Ursache, ich konnte nicht anders, es war zu drollig.

Sie lag vor mir und schlummerte, als eine etwas hastige Bewegung meines Ellbogens die Matratze erschütterte, so daß die Kleine das Gleichgewicht verlor. Mit einem Ruck kam flugs das kleine runde Päckchen ins Rollen und hörte nicht eher auf, als bis es dicht neben mir, an meinen Arm geschmiegt, mit dem Gesicht nach unten lag. Sie losmachen und ihr Näschen nach oben drehen, war das Werk nur eines Augenblicks – aber sie sah so erstaunt, um nicht zu sagen empört aus, daß ich laut lachen mußte.

Petronia stand an dem Tische in der Mitte der Stube und faltete die feinen Kindersachen. Sie drehte sich, ganz aufgeregt, so plötzlich um, daß die zarte Spitze, die sie soeben aufrollte, fast zerriß. »Gott sei gelobt, daß meine kleinen Lämmchen zu lachen anfangen«, sagt sie mit zustimmender, aber zitternder Stimme. »Ja, ja, es tut gut, euch so glücklich zu sehen.«

Und sie barg das winzige, reiselustige Menschenkindlein in ein neues behagliches Nestchen dicht an der Wand.

*

Am 17. November

Da bin ich nun auf meinem Sofa! Meine Tochter kam nicht mit mir; es hat mir ordentlich Kummer bereitet, sie zurück zu lassen, es sah fast wie eine Trennung aus. Ich bat aber, die Wiege, in die sie endlich eingezogen ist, dicht neben mich zu stellen, damit sie sich nicht zu einsam fühle, und damit ich sie all die Stunden lang nach Herzenslust beobachten könnte.

Und nun zur Feier meines ersten Aufstehens bekam ich heute von Tante Laura einen an André und mich adressierten Brief. Er hat tiefen Eindruck auf mich gemacht, der gute, schöne Brief. Tante Laura weiß selbstverständlich noch nichts von meinem Leid. Sie spricht vom Kinde, das nach ihrer Rechnung da sein müsse. Sie erinnert uns an unsre Pflichten, das alles gibt mir zu denken. Ja freilich, um unsre Tochter zu erziehen, muß ich selber besser und reifer werden, und zwar mehr als jede andere, da ich ihr ja Vater und Mutter zugleich sein soll.

Man erzählte mir neulich von einer jungen Mutter, die, ihren Erstgeborenen in ihren Armen haltend, ausrief: »Oh, mein Sohn, was muß ich für eine gute Frau sein, um aus dir einen braven Mann zu machen!«

Wenn meine Kleine neben mir liegt, durchzittern mich ganz ähnliche Gefühle.

Die besten, die fruchtbringendsten Gedanken aber kommen mir, wenn sie, an mich geschmiegt, begierig trinkt. Ich höre mit gespanntem Ohr ihr Schlucken. Es ist eine süße, kaum hörbare Musik. Ich sehe, wie ihre winzigen, rosigen Grübchen wechselweise auf- und abschwellen. Ich senke meine Lippen auf ihr nacktes Köpfchen, an welchem einige ganz kurze und unbeschreiblich feine, blonde Härchen zittern. Ich küsse ihre niedlichen Fingerchen . . .

Oh, meine liebe Kleine, mein armes Waisenkind, es gilt also, für dich zu leben. Ich darf mich wohl nicht mehr von meinem Schmerz verzehren lassen. Ich habe kein Recht dazu. Weil du wie durch ein Wunder zu mir kamst – ist denn nicht jede Geburt ein Wunder? – so muß ich dir mein Leben geben. Und ich weiß es wohl, ich kann dir nur schenken, was ich selbst besitze, mehr wäre unmöglich. Darum muß ich viel besitzen, große Schätze, viel Selbstverleugnung, viel Glauben, viel Frieden und viel Liebe. Ich muß mein Leben in jeder Weise erweitern, vertiefen und bereichern.

Ja, wenn André da wäre, wie wäre das leicht! So leicht, gut, sanft und dankbar zu sein! Aber ohne ihn?!

Ich habe lange Zeit, lange Tage und noch längere Nächte an alles das gedacht, denn der gute, ausheilende Schlaf ist, seit André fortgegangen, noch nicht wieder über mich gekommen.

Immer von neuem muß ich meine heißen, bitteren Kämpfe bestehen, von denen meine ganze Entwicklung, meine zukünftige Existenz abhängt. Ich weiß es, sie wird genau den Siegen oder den Niederlagen entsprechen, die ich in meinen großen, qualvollen Schicksalsstürmen davongetragen haben werde.

O Herr, daß ich in solcher Finsternis nicht scheitern möchte, daß ich im Gegenteil wohl tastend, langsam und furchtsam, doch wirklich vorwärts und den lichtvollen Höhen immer näher kommen möchte!

Und ich tue es, ich gleite nicht zurück, denn ich ahne die Klarheit, und André führt mich zu meinem Gott.

*

Am 2. Dezember

Das Wetter ist milde. Die Weihnachtsrosen werden, denke ich, bald zu blühen anfangen.

Heute morgen kam Petronia zu uns, während ich in unserem Zimmer vor dem halboffenen Fenster sang, um Andréa einzuschläfern.

»Heute sollten gnädige Frau Ihren ersten Spaziergang machen, es ist wahre Frühlingsluft draußen, die Ihnen Farbe auf die Wangen bringen wird.«

Ich schüttelte zuerst den Kopf.

»Oh Petronia, laß mich doch hier. Was soll ich draußen? Ich könnte es nicht ertragen, das Ausgehen wird mir sicherlich zu viel Gram bereiten, mir mehr schaden als nützen.«

Aber Petronia bestand auf ihrer Idee.

»Wir werden die Kleine mitnehmen«, sagte sie. »Die gnädige Frau ist ihr diese Freude schuldig. Armes Püppchen, hast du nicht immer ohne deine Mama ausgehen müssen, seit du in die Welt gekommen bist? Es ist die höchste Zeit, meine ich, daß du nicht mehr ganz allein spazieren gehst.«

So kam's, daß ich wohl oder übel mich erweichen ließ. Und ich habe es nicht bereut. Mein Töchterchen sah so reizend aus unter den entlaubten Bäumen, während sie in dem von Petronia geschobenen Wagen ruhig schlief und ich dicht neben ihr herging. Sie war in einem mit einer weißen Seidenstickerei besetzten Mantel eingehüllt, den ich wohl selbst getragen haben muß, denn wir fanden ihn neben vielem anderen Kleinkinderzeug auf dem Boden eines der Koffer meiner Mutter.

Ich denke jetzt, seit ich selbst ein kleines Kind habe, noch viel mehr an meine Mutter. Sie würde, wenn sie lebte, noch nicht sehr alt, höchstens sieben- oder achtunddreißig Jahre sein. Oh, wie wäre das schön, wenn wir sie bei uns hätten! Es scheint, Gott will, daß ich einsam bin. Ich habe nie »meine Schwester, mein Bruder, mein Vater, meine Mutter« wie die andern gesagt. Ich habe nie jemanden gehabt! Wie traurig, ganz allein ...

Doch ich will nicht undankbar sein. Von jetzt ab bin ich nicht mehr allein. Jemand hängt ganz eng von mir ab. Du, meine liebe, liebe kleine Tochter!

Wir gingen gerade durch die breiteste Allee des Grundstücks, wo auf beiden Seiten hoher, dichter, dunkelgrüner Buchsbaum wächst, da stürzte sich Frau Hitzlich nach ihrer gewohnten Art plötzlich auf uns. Ich sah sie zum ersten Male wieder seit jenem Tage, wo man André zum Kirchhof trug. Im Nu stand die ganze Szene jenes traurigen Sonntages deutlich vor mir; ich sah das schwarzbekleidete Zimmer, die vielen Trauergäste und besonders den eichenen Sarg, worin ich ihn gebettet wußte. Ach, ich wußte, daß er sich nicht mehr öffnen werde! Vorbei die Küsse meines Vielgeliebten, vorbei seine zarte Liebe, vorbei die Stütze meines Lebens! ...

Frau Hitzlich kam näher, sie streckte ihre Hand aus, sie sprach sehr laut; auf einmal drehte sich alles um mich und ein dichter Schleier legte sich über meine Augen. Ich wäre zusammengebrochen, hätte Petronia, aufmerksam wie immer, mich nicht schnell festgehalten und auf die nächste Bank gesetzt.

Sie warf der Eingedrungenen scharfe, tadelnde Blicke zu.

»Merkt man denn nicht, wie zart sie ist, und wie man sich in acht nehmen muß? Man sollte sie mehr schonen und sich nicht so auf sie stürzen«, brummte sie.

Frau Hitzlich sah ganz zerknirscht aus.

»Verzeihung!« begann sie ganz bescheiden, als ich sie unterbrach. Ich entsann mich des Tages, da André mir Gutes von ihr gesagt hatte, ich hörte seine Stimme, die mich ermahnte, sie zu beklagen und nicht zu tadeln.

»Wollen Sie mir einen Kuß geben, liebe Frau Hitzlich?«

Da stürzte sie sich mit strahlendem Angesicht auf mich und gab mir auf beide Backen so große, zahlreiche und laute Küsse, daß Andréa von ihrem Klatschen geweckt wurde und zu weinen anfing.

Ohne Umstände und ohne sich um Petronias Zorn zu bekümmern, entriß Frau Hitzlich die Kleine ihrem Wagen und, um sie zu beruhigen, begann sie sie zu wiegen, zu schütteln und in die Luft zu werfen, während ein

Strom von Worten über ihre Lippen kam. Es war eben doch echte, wenn auch linkische, lärmende Anteilnahme.

»Ja, wirklich, liebe Kleine, Sie haben Grund zu klagen. Denn Sie sind die Witwe des besten aller Männer. Es ist eine ernste Sache, zumal wenn man keine feste Haut und keinen breiten Rücken für harte Lasten hat. Mein Wort darauf, man hält Sie kaum für fünfzehn Jahre alt. Ihr Püppchen da sieht stärker aus als Sie. Ganz gewiß. Aber, es schadet nichts, Gott wird schon für euch beiden armen Kleinen sorgen, und wenn ich Ihnen jemals dienen kann, so sollen Sie mich finden, so wahr ich Lina Hitzlich heiße. Vergessen Sie das nicht.«

Dabei drückte sie meine Hand zum Zerbrechen, warf die Kleine Petronia zu und lief fort.

Es ist gleich, ich bin Frau Hitzlich trotz ihrer sonderbaren, originellen Art doch sehr dankbar, und ich freue mich, ihre Freundschaft zu besitzen.

*

Am 24. Dezember

Ich wende das vorletzte Blatt des Heftes um, das ich gerade heute vor einem Jahre anfing.

Aber ehe ich ganz abschließe, noch einen Augenblick der Sammlung, noch einen Blick auf mein gegenwärtiges, so anders, ja so ganz anderes, von damals so verschiedenes Los, als ich noch nichts vom Leben, von seinen unvergeßlichen Seligkeiten, von seinen unsagbaren Prüfungen wußte!

Seit jenem anderen Weihnachten, wo Frau Direktor mein schwerstes Kreuz, und wo die Stunden meine brennendste Sorge waren – sind erst zwölf Monate vergangen? Ist es möglich?

Ich tanzte damals im Studierzimmer, um Ruth zu verspotten, ich warf ihre Stickerei auf den Wandschrank und holte sie wieder herunter, indem ich auf das Bücherbrett hinaufkletterte, auf die Gefahr hin, mir Hals und Beine zu brechen. –

Zwölf Monate . . . nur zwölf Monate! Ich habe zwischen zwei Weihnachten ein ganzes Leben gelebt. Junges Mädchen, Braut, Gattin, Witwe, Mutter. Ich bin das alles gewesen. Ich habe das höchste Glück genossen, aber auch den bittersten Kelch der menschlichen Schicksalsschläge bis auf den Grund geleert.

Es schneit heute morgen stark. Gestern waren die Weihnachtsrosen noch so schön, sie waren in hellen Haufen aufgeblüht, dort am Ende des Parks, dort, wo André und ich sie zum Kranze flochten, als wir uns zum zweiten Male sahen. – Heute, wie kalt muß ihnen sein, wie müssen sie leiden unter dem schweren, eisigen Leichentuche!

Auch mir ist kalt, mein Herz friert. Das geschieht jetzt oft. Und das wird nicht mehr aufhören, ich weiß es, obgleich ich manchmal leise, leise fühle, daß noch meine Jugend blüht.

Aber wenn man Sterben gesehen hat, dann ist es anders geworden auf der Erde.

Vor André hatte ich niemand sterben sehen, ich hatte nicht einmal einen Toten gesehen.

Oh, wie schauerte es mich in seiner letzten Nacht! Mein Fleisch empörte sich. Es ist etwas Furchtbares um dieses grausame Todesgeheimnis. Feige, unerbittlich zerstört es unser so zukunftsreiches, so lebensvolles, unverwüstlich scheinendes Glück!

Hat erst der grausige Feind seinen dunklen Schatten auf unseren Lebensweg geworfen, wird er nie wieder so hell, wie er zuvor gewesen. Es bleibt etwas Düsteres über dem ganzen Rest der Lebensreife.

Und doch, nicht am Anfang leidet man am allermeisten; nein, je weiter wir uns von der seligen Stunde entfernen, da wir den nunmehr verlorenen Schatz noch zu eigen hatten, desto größer wird der Schmerz. Ich bin einsam und verlassen! . . .

Ich bin bankrott, ich bin vernichtet für diese Welt. Außer dem ganz kleinen, gebrechlichen Wesen dort neben mir in seiner Wiege habe ich gar nichts mehr.

Gar nichts mehr? Wirklich gar nichts mehr?

Nein, nein, es ist nicht wahr. Alles, was ich nicht mehr habe, zieht meinen Blick nach oben, dorthin, wo der Anker unerschütterlich fest eingesenkt ist. Ich besitze noch große, unerschöpfliche Reichtümer. Ich habe die Erinnerung an meinen André, niemand kann sie mir je rauben. Ich habe seine Gegenwart unaufhörlich um mich. Ich habe seinen wirklichen, greifbaren, zu allem Guten fruchtbaren Segen, den er mir und unserem Kinde gelassen hat. Ich habe die unvergängliche Hoffnung, ihn dort im Himmel wiederzufinden, wo wir beide, mein Kind und ich, durch unseres Erlösers Jesu Christi Gnade einst einziehen werden.

Und die Jahre, die noch vor mir sind – wer weiß, wie viele, denn ich habe ja erst achtzehn gelebt! – ich will sie gebrauchen, um, wie mein Vielgeliebter sagte, mich für das, was droben ist, zu rüsten. Und auch um jenes »Droben« andere Seelen kennen zu lehren, die wie ich im Ozean des Lebens Schiffbruch litten und die nun nach dem Bleibenden suchen.

Ja, ich habe meinen Anker höher eingesenkt. Ich bin fast glücklich.

Vereint mit Gott! Vereint durch ihn mit André. Vereint mit meinem Kinde, das ich in die Welt gebracht, und das ich erziehen will für beide. Vereint in Liebe und Erbarmen mit allen denen, die mich hienieden nötig haben. Um ihretwillen habe ich gelitten, damit ich sie verstände, damit ich ihnen helfen könnte, sich recht zu beugen und recht zu ergeben, ich weiß es jetzt, ich bin reich. Und dieses kurze Jahr hat mich mit Gnade überschüttet, die bis in die Ewigkeit bleibt.

Ich werde wohl noch heiße Tränen weinen, ich weiß das, fließen sie doch jetzt schon so bitter herab! Ich werde leiden, sicherlich. Ich werde leiden bis ans Ende meines Lebens.

Aber die Prüfung hat mich nicht zerbrochen, sie hat mich nicht übermocht. Ich habe gekämpft, ich habe den Sieg gewonnen. O Tod, wo ist dein Stachel!

Vorwärts drum, vorwärts! Was schadet das Kreuz, wenn's uns zum Siege führt. Wie hieß doch das Lied, das die Kinder letztes Jahr um den Weihnachtsbaum sangen:

»Wenn ich Ihn nur habe,
Wenn er mein nur ist,
Wenn mein Herz bis hin zum Grabe
Seine Treue nie vergißt:
Weiß ich nichts von Leide,
Fühle nichts als Andacht, Lieb' und Freude.

Wenn ich Ihn nur habe,
Laß ich alles gern.
Folg' an meinem Wanderstabe
Treu gesinnt nur meinem Herrn;
Lasse still die andern
Breite, lichte, volle Straßen wandern.«

Ja, diese herrlichen Worte sind für mich gedichtet. Als man sie sang, da sah mich mein Lieb zum ersten Mal. Als man sie sang, und als mein ganzes Herz davon durchdrungen wurde, da faßte ihn auf einmal, ganz unerwartet und unbezwingbar, die Liebe zu mir, wie er's mir oft erzählt hat in jenen zweihundertachtundvierzig glanzvollen, unvergeßlich schönen Tagen, da ich sein Weib sein durfte.

– – – – – – – – – – – – – – – – – – – –

Mein kleines Kind wird wach. Ich nehme es in meine Arme. Das Zimmer ist warm und gemütlich. Wir sitzen zusammen vor dem Feuer, und ich küsse es mit Entzücken. Es macht seine großen, schönen Augen auf, die Augen seines Vaters, und ein süßes, holdes Lächeln glänzt auf seinem rosigen Munde. Und während mein Schatz mit Wonne trinkt, lehne ich mich in meinen Schaukelstuhl zurück. Und meine Augen fallen auf Andrés Spruch: »Denen, die Gott lieben, müssen alle Dinge zum Besten dienen.«

Ich glaube es heute – ich werde es gewiß einmal auch ganz verstehen. Mein Leben ist noch nicht zu Ende. Es fängt erst an!